3D-ZEICHNUNGEN UND OPTISCHE TÄUSCHUNGEN

Schritt-für-Schritt-Anleitung zum Zeichnen optischer Täuschungen und 3D-Kunst für Kinder, Jugendliche und Studenten

Sophia Williams

INHALTSVERZEICHNIS

Einführung - 3

Wie ist dieses Buch zu benutzen - 3

Wie wird ein 3D-Effekt erzeugt - 4

Wie man einen Schatten zeichnet - 5

Wie erzeugt man weiche Hell-Dunkel-Übergänge - 10

Grundlagen der Bauperspektive - 13

Wolkenkratzer-16

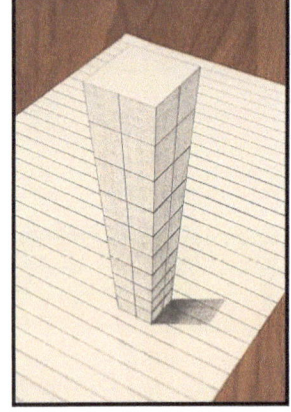

Treppen nach unten-19

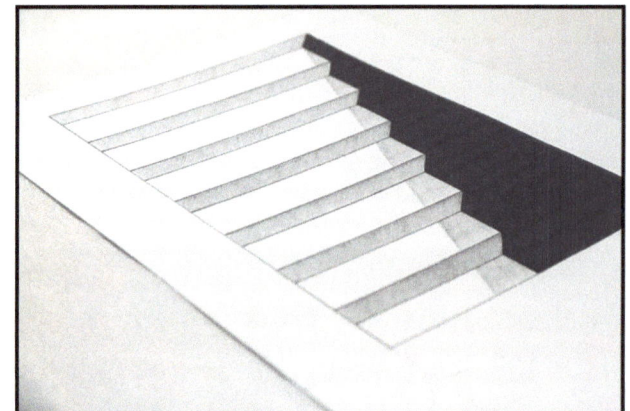

Fliegender Würfel-22

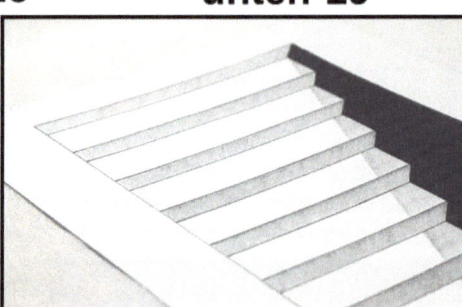

Der Buchstabe H-25 **Der Buchstabe A-28** **Der Buchstabe M-31**

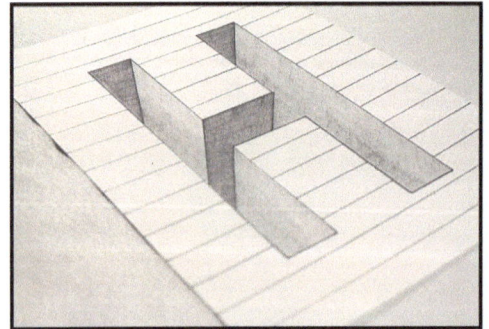

Treppen nach oben-35

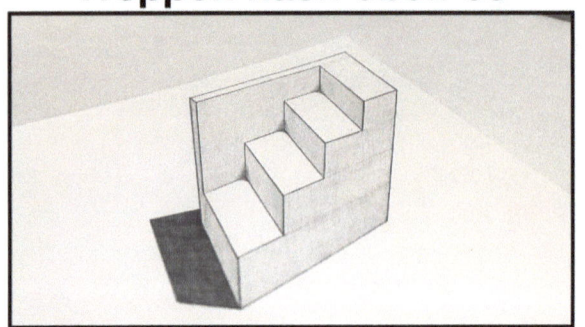

Fallendes Herz-38

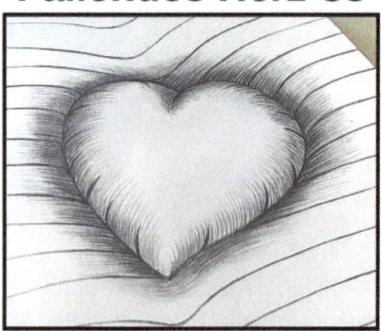

Einführung

Dieses Buch soll dazu dienen, dass Sie Spaß haben und dabei die Grundlagen der Erstellung von 3D-Zeichnungen erlernen.

Für Anfänger: Ich möchte, dass Sie während des Lernprozesses verstehen, dass das Zeichnen nicht nur ein der Elite innewohnendes Talent ist, sondern eine erworbene Fähigkeit, und dass jeder zeichnen kann, nachdem er die Grundtechniken erlernt und ein wenig geübt hat. Fast alle Zeichnungen in diesem Buch wurden von meinem Schüler angefertigt, der ohne jegliche Kenntnisse zum Unterricht kam. Ich möchte, dass Sie sehen, wie eine Person, die die Grundlagen gelernt und erst 2-3 Mal versucht hat zu zeichnen, wirklich zeichnen kann. Meiner Meinung nach hat er es sehr gut gemacht. Deshalb habe ich keinen Zweifel daran, dass auch Sie erfolgreich sein werden.

Für die Profis: Ich bezweifle, dass Ihnen dieses Buch von Nutzen sein wird, da es die grundlegendsten Prinzipien des Zeichnens vermittelt. Aber wenn Sie dieses Buch gekauft haben, schlage ich Ihnen vor, sich eine sehr nützliche Fähigkeit anzueignen: die Fähigkeit, ohne Anweisungen zu handeln. Gehen Sie deshalb direkt zu den endgültigen Zeichnungen und versuchen Sie, die Illusion ohne Anleitung zu wiederholen. Einige meiner Freunde, die zeichnen können, haben ehrlich zugegeben, dass sie nicht verstehen, wie man einige Zeichnungen zeichnet. Werden Sie es schaffen?

Wie ist dieses Buch zu benutzen?

Lesen Sie die Anleitung über die Grundlagen von Schattierung und Perspektive und machen Sie die praktischen Übungen. Fahren Sie dann mit optischen Täuschungen fort. Folgen Sie beim Zeichnen den Text- und Grafikanweisungen. Sie benötigen einen Bleistift, ein Lineal, einen Radiergummi, einen schwarzen Filzstift und weiße Blätter A4-Papier (vorzugsweise stärkeres Papier).

Wie wird ein 3D-Effekt erzeugt? Chiaroscuro-Grundlagen

Chiaroscuro ist eine der Möglichkeiten, das Gefühl von 3D auf einer Ebene zu vermitteln; dies wird dazu beitragen, die Zeichnung dreidimensional aussehen zu lassen. Sehen wir uns ein Beispiel an, wie das funktioniert. Ich habe einen Kreis gezeichnet.

Ein Kreis ist eine flache geometrische Figur, aber wenn die Schatten korrekt dargestellt werden, dann verwandelt sich der Kreis in eine Kugel (volumetrische Figur).

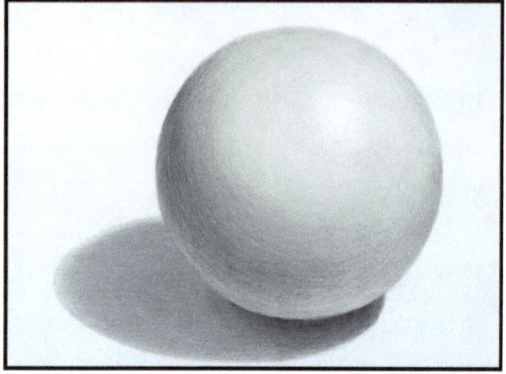

Und wenn man einen Schatten von dem Ball zeichnet, hat man das Gefühl, dass er auf einer Fläche steht.

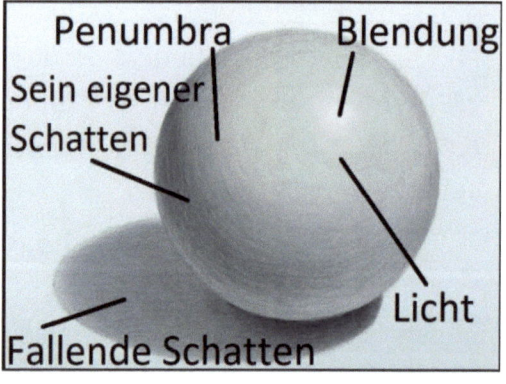

So verwandelt sich ein flacher Kreis mit Hilfe des Helldunkels in eine volumetrische, realistische Kugel.

Die Hauptbestandteile von Chiaroscuro:

Schatten: Es gibt 2 Arten. Sein eigener Schatten - der Schatten, der sich auf der unbeleuchteten Seite des Objekts befindet. Und der fallende Schatten, das ist der Schatten, den das Objekt selbst auf andere Oberflächen wirft.

Das Licht ist der beleuchtete Teil des Objekts.

Blendung ist die Reflexion von Licht von einem Objekt; meistens treten Blendungen nur auf glänzenden oder nassen Oberflächen auf.

Penumbra – Der Übergang zwischen Licht und Schatten.

Darüber hinaus kann es Stellen geben, an denen die Reflexion des Lichts von benachbarten Objekten abfällt, aber in diesem Training ist dies nicht sinnvoll.

In Kunstschulen erfolgt der Beginn der Lehre von Licht und Schatten in der Regel an einfachen Figuren: einem Würfel, einer Kugel, einem Kegel und einem Zylinder. Und erst dann gehen sie zu komplexeren Formen über. Dies geschieht, weil die restlichen Formen aus diesen 4 geometrischen Grundformen bestehen.

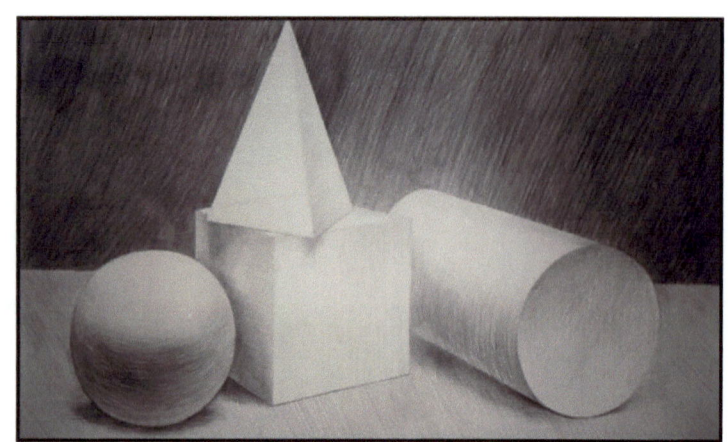

Wie man einen Schatten zeichnet

Schatten in einer Bleistiftzeichnung werden durch Schraffierung erzeugt. Die Schraffur ist zunächst notwendig, um den gezeichneten Objekten Form und Volumen zu geben, und erst danach, um Ton, Licht und Schatten anzuzeigen. Etwas später, am Beispiel einer Kugel, sehen Sie, wie das Volumen durch die Schraffierung gegeben wird. Schattierungen helfen auch, die Wahrnehmung des Raumes zu verbessern.

Sehen Sie sich diese 2 Beispiele an. Auf dem Bild links: Das Ei scheint auf dem Tisch zu stehen, mit einer Wand im Hintergrund. Im Beispiel rechts: Das Ei scheint auf dem Boden zu stehen, und der Hintergrund geht irgendwo in die Ferne.

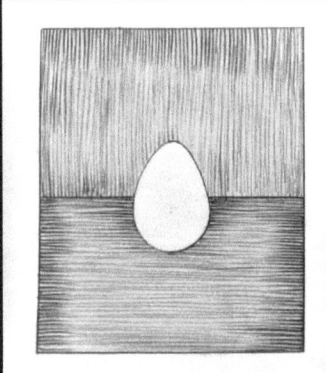
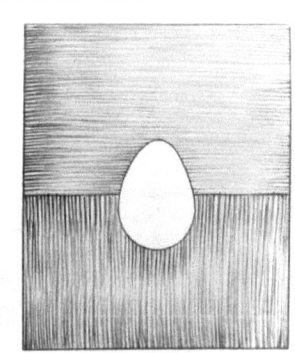

Dieses Beispiel zeigt, dass bei falscher Schattierung Ihre Zeichnung möglicherweise nicht so wird, wie Sie es beabsichtigt haben. Daher müssen bestimmte Regeln beachtet werden.

REGEL NR. 1

Die Schraffierung erfolgt in separaten Zeilen. Um jede Linie zu zeichnen, müssen Sie Ihre Hand heben. Jeder Strich wird in einer schnellen Bewegung ausgeführt, als ob Sie fächern würden. Und sie ist normalerweise etwa 1,5 cm lang. Aber wenn nötig, können Sie die Striche auch länger oder kürzer machen.

Der häufigste Fehler, den Neulinge machen, ist das Schattieren, ohne den Bleistift vom Papier abzuheben. Wenn Sie dies oben und unten tun, haben Sie Stellen, an denen Sie zweimal mit einem Bleistift zeichnen.

Wenn Sie in diesem Fall Striche tiefer oder höher anbringen, kann eine dunkle Fuge zwischen ihnen erscheinen, die die Zeichnung ruiniert (siehe links). Wenn Sie es rechts machen und den Bleistift bei jedem Strich anheben, dann ist die Verbindung zwischen den Strichen nicht mehr so auffällig (siehe rechts).

Und es gibt zwei weitere häufige Fehler: Wenn Sie mit dem Stift zu sehr aufdrücken, wird es einerseits zu dunkel oder Sie zeichnen anfangs einen kleinen Haken.

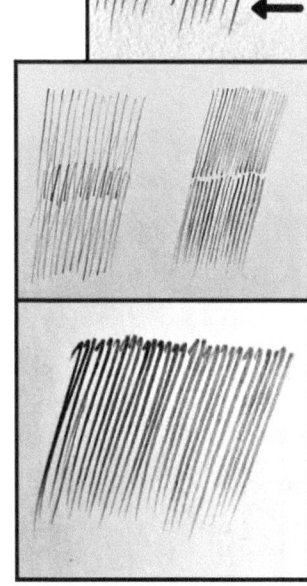

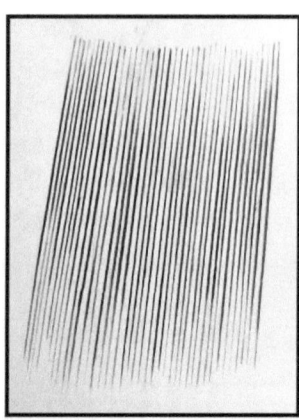

Perfekt ist es, wenn es am Anfang und am Ende etwas heller und in der Mitte etwas dunkler ist.

Praktische Aufgabe:
Zeichnen Sie mit einem Bleistift 5 Rechtecke auf ein Blatt Papier. Sie müssen 4-5 cm hoch und 10 cm lang sein. Üben Sie, Ihre Striche auszuführen. Keine Haken und keine Schattierungen an den Rändern der Striche. Führen Sie die Striche für 2 oder 3 Ebenen so aus, dass die Ebenen sich nicht überlappen und dass zwischen ihnen ein kleiner Zwischenraum bleibt. Wenn es Ihnen nicht gelingt, machen Sie ein paar weitere Rechtecke und versuchen Sie es noch einmal. Werfen Sie diese Blätter nicht weg. Sie werden bald nützlich sein.

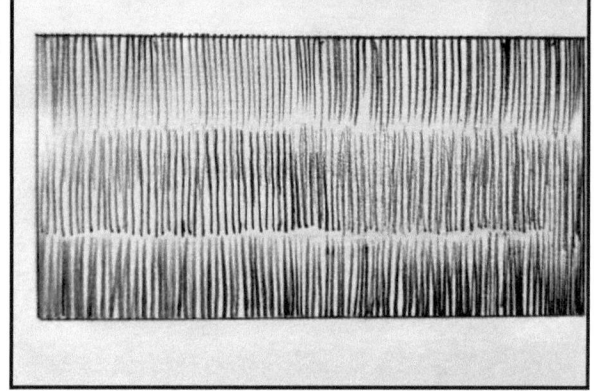

REGEL NR. 2
Kreuzschraffierung: In der Praxis findet man nur sehr selten parallele Schraffierungen.

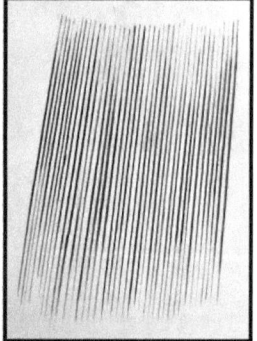

Meistens werden Kreuzschraffuren verwendet. Dabei wird die erste Schicht mit paralleler Schraffur erstellt und darauf eine neue Schicht, jedoch leicht schräg, aufgetragen. Eine Zeichnung mit einer solchen Schraffur sieht hübscher und realistischer aus.

Zuerst wird sie parallel, dann schräg schraffiert — Paralleler Schraffur — Kreuzschraffuren

REGEL NR. 3
Schattierung großer Flächen: Sie müssen eine große Fläche nicht mit einmal komplett schattieren. Machen Sie dies in wenigen Schritten.

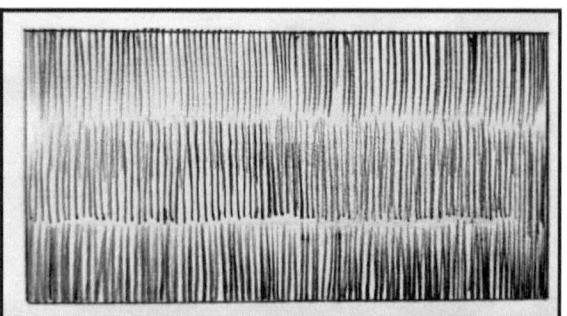

Schattieren Sie das gesamte Motiv mit der ersten Schicht in mehreren Schichten. Wichtig! Überlagern Sie die unterste Schicht oben nicht. Zwischen ihnen sollte immer ein kleiner Zwischenraum bleiben.

Überlappen Sie die erste Schicht nicht auf die gleiche Weise wie die erste. Sonst wird der helle Fleck zwischen der ersten und der zweiten Schicht stark hervorstechen (siehe links).

Und falls Sie es so machen, dass die obere Schicht über die untere hinausgeht, dann wird diese Fuge sehr dunkel sein und stark hervorstehen (siehe rechts).

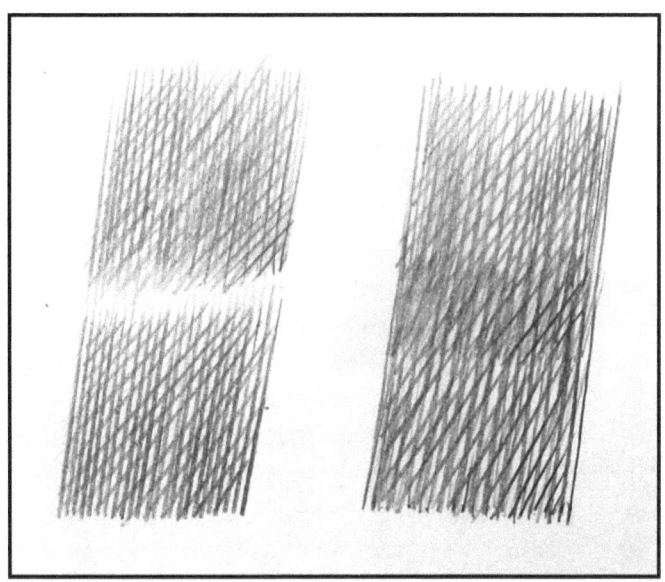

Es ist richtig, dass die zweite Schicht ungefähr in der Mitte der oberen Ebene beginnt und in der Mitte der unteren Ebene endet. Vergessen Sie nicht, dass die zweite Schicht leicht geneigt sein sollte.

Fahren Sie mit der zweiten Schicht fort: eine kurze Schicht von Strichen oben und unten. Dies gilt für einen so kleinen Bereich wie im Beispiel.

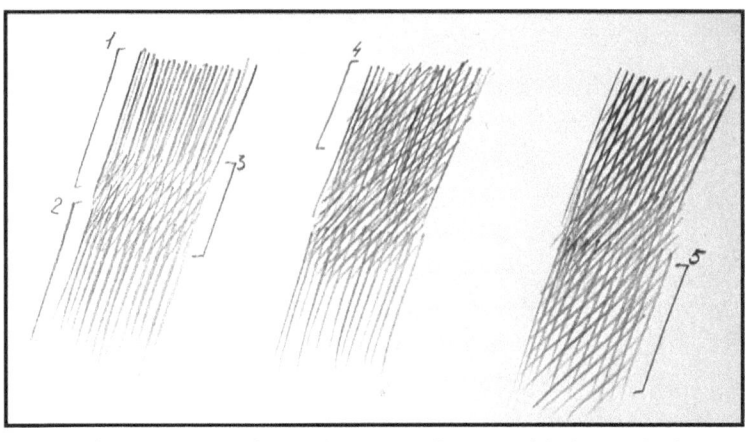

Wenn Sie über große Flächen malen, ist das Prinzip genau dasselbe. Nur die Anzahl der Schichten erhöht sich, und kurze Schichten werden in gleicher Weise um die Ränder herum gemacht.

Dann können Sie zu Schicht 3 übergehen: Es wird mit den gleichen Linien und an ungefähr den gleichen Stellen wie die erste gemacht. Dann zur 4. Schicht: Sie wird mit den gleichen Linien an ungefähr den gleichen Stellen wie die zweite Schicht ausgeführt.

Wichtig! Je mehr Schichten Sie erstellen, desto mehr wird der Schatten geglättet, und das Ergebnis ist glatter und schöner.

Erste Schicht: parallele Schraffierung.

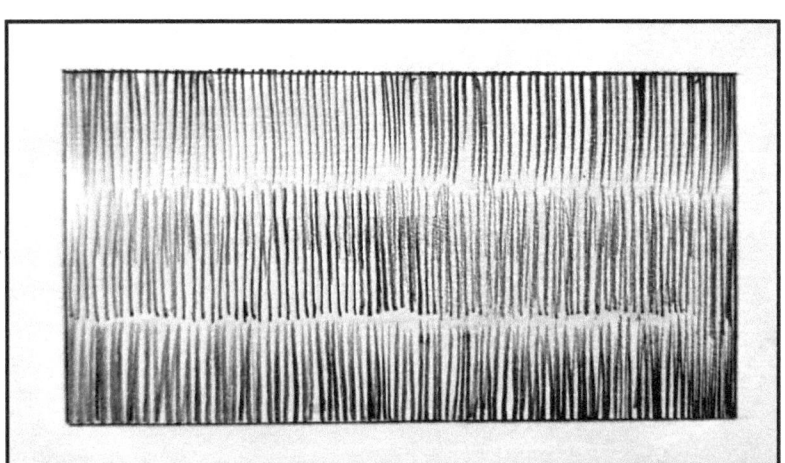

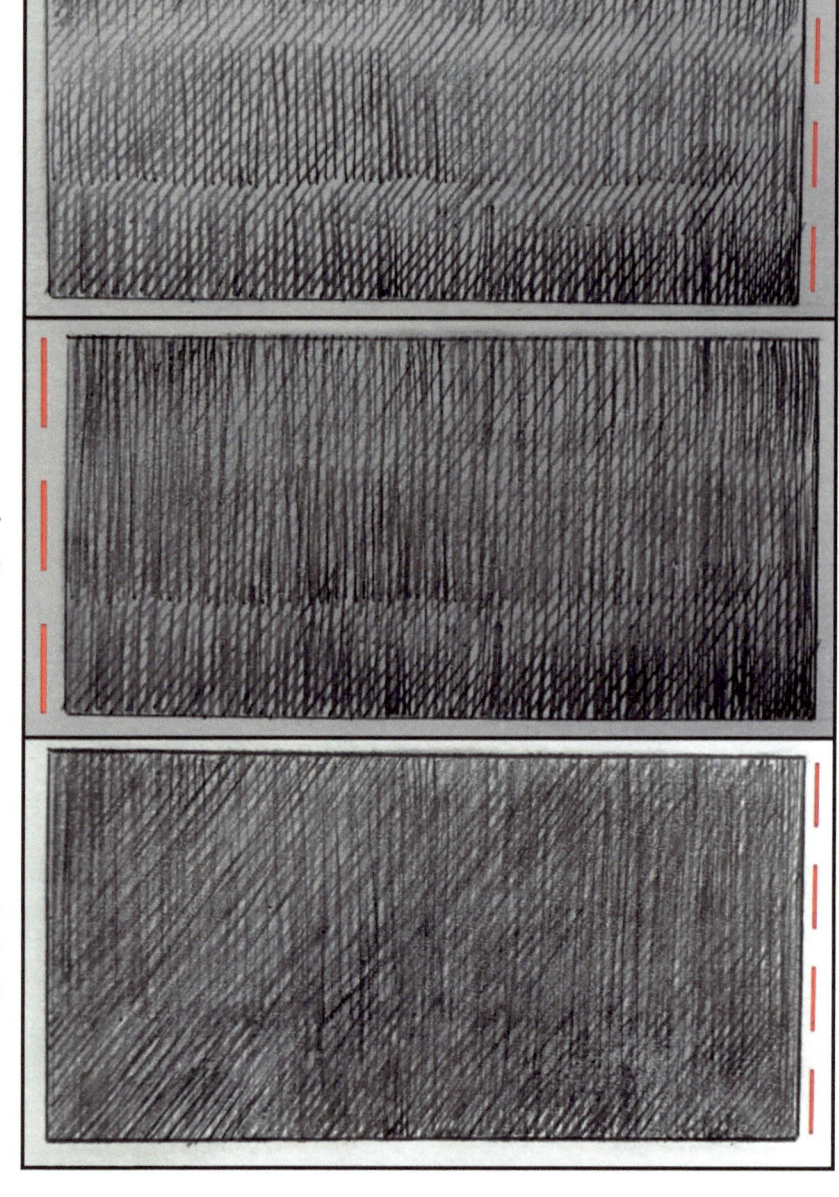

Zweite Schicht: Schrägschraffur

Dritte Schicht: parallele Schraffur an den gleichen Stellen wie die erste Schicht.

Vierte Schicht: schräge Schraffierung mit den gleichen Linien an den gleichen Stellen wie die zweite Schicht.

Praktische Aufgabe:

Zeichnen Sie 3 Rechtecke mit einer Größe von etwa 5x10 cm und schraffieren Sie diese in mindestens 4 Schichten. Vergessen Sie nicht, dass die Schichten 2 und 4 leicht geneigt sein sollten. Vergessen Sie ebenfalls nicht, dass die Striche 2 und 4 der Schichten etwa in der Mitte der Striche 1 und 3 der Schichten beginnen sollten.

REGEL NR. 4

Schattierung entsprechend der Form des Objekts: Schattieren in der Form ist sehr wichtig. Die Wahrnehmung eines Objekts kann davon abhängen. Wenn wir zum Beispiel einen Kreis zeichnen und ihn nur schattieren, wird es derselbe Kreis sein, nur dunkel.

Geben wir nun dem Kreis eine Form mit Schraffierung und verwandeln ihn in eine Kugel. Wiederholen wir das.
Zeichnen Sie einen Kreis. Der Einfachheit halber können Sie einen Kreis um etwas Rundes ziehen, z.B. einen Becher. Machen Sie den Kreis nicht zu groß.

Da der Ball eine runde Form hat, werden wir abgerundete Striche haben. Beginnen Sie nun etwa ab der Mitte des Kreises mit dem Schraffieren gekrümmter Linien zur gegenüberliegenden Seite (wie im Bild). Versuchen Sie nicht, einen langen Strich in einem Zug zu machen, ohne den Bleistift vom Papier abzuheben. Lange Striche werden aus mehreren kurzen Strichen gemacht.

Aber der Ball hat nicht nur von rechts nach links, sondern auch von oben nach unten eine runde Form. Lassen Sie uns nun eine neue Schicht von Strichen von oben nach unten machen. Sehr wichtiger Hinweis! Der Ball in der Mitte sieht flach aus, daher werden die Striche in der Mitte gerade sein, und wenn Sie sich den Rändern nähern, werden sie sich verbiegen. Versuchen Sie, von oben nach unten zu streichen, beginnend in der Mitte, ohne die Oberseite des Balles zu übermalen. Machen Sie auch hier einen langen aus mehreren kurzen Strichen.

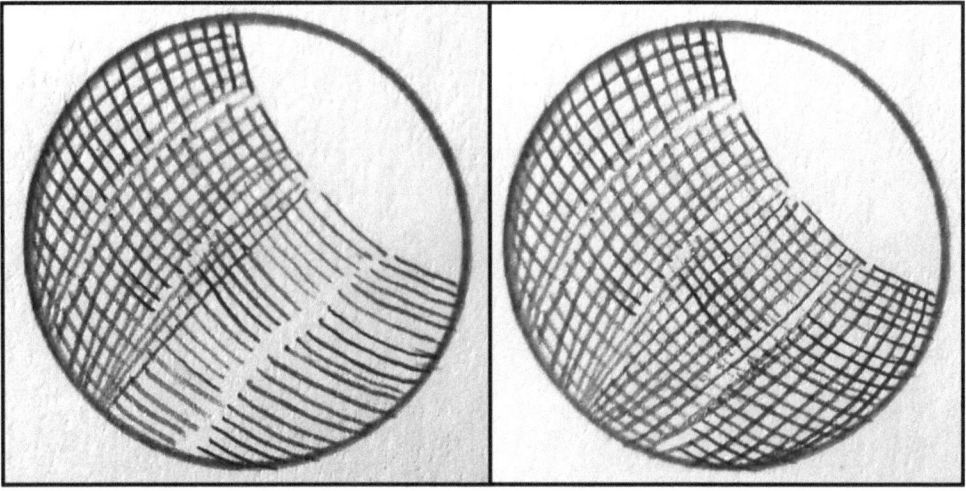

Zeichnen Sie 2-3 weitere kleine Kreise (ca. 5-7 cm hoch) und schraffieren Sie daraus Kugeln. Malen Sie nicht über die Oberseite der Kugeln und werfen Sie diese Zeichnungen nicht weg; wir werden sie wieder brauchen.

Wie erzeugt man weiche Hell-Dunkel-Übergänge?
Weiche Übergänge werden hauptsächlich durch Druck auf den Bleistift erzeugt. Versuchen Sie dies jetzt auch. Zeichnen Sie eine Linie, indem Sie kaum auf den Bleistift drücken, und dann noch eine weitere, aber mit stärkerem Druck. Die Linie, die stärker gedrückt wurde, stellte sich als viel dunkler heraus. Jetzt müssen wir die Stärke des Drucks auf den Bleistift üben, um zu verstehen, welcher Ton bei unterschiedlichem Druck erzielt wird, und um dann zu lernen, wie man ihn kontrolliert. Übrigens gibt es Bleistifte mit unterschiedlich weicher Mine. Je weicher der Bleistift, desto dunkler wird die Farbe (Markierung 8B), je härter (Markierung 6H), desto heller die Farbe. In diesem Fall ist der Druck gleich.

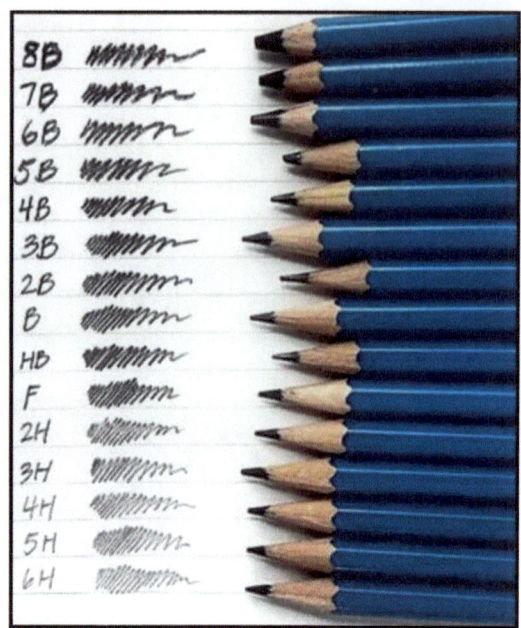

In der Regel bringt der Hersteller die Weichheitsmarkierung auf dem Bleistift an, damit Sie ihn leicht finden können. Es gibt verschiedene Möglichkeiten der Beschriftung. Die in der Abbildung gezeigte ist die gebräuchlichste.

Mein Ziel ist es, Ihnen zu beweisen, dass Sie schön zeichnen können, ohne ein Profi zu sein, auch mit nur einem Bleistift, deshalb werde ich nur einen (HB) verwenden. Und wenn Sie lernen, wie Sie diese Illusionen erzeugen können, empfehle ich Ihnen, in ein und derselben Zeichnung Bleistifte mit unterschiedlicher Weichheit zu verwenden. Die Zeichnung wird realistischer aussehen, wenn einige Teile der Zeichnung heller und andere dunkler sind.

Schauen Sie sich dieses Rechteck an. Es zeigt einen weichen Übergang von hell nach dunkel mit einem einzigen Bleistift. Wir werden dasselbe tun.

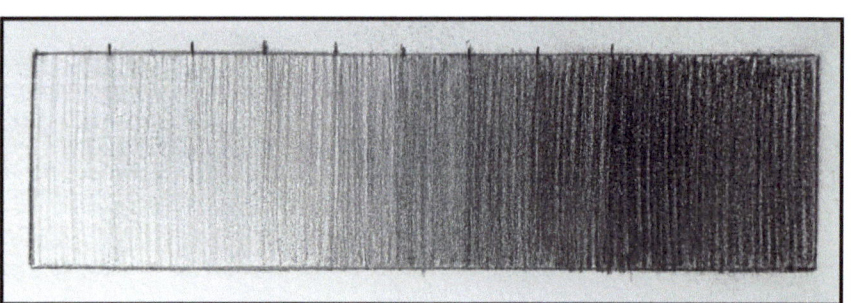

Zeichnen Sie dazu ein Rechteck von etwa 2,5 cm Höhe und 10 cm Länge. Tragen Sie die erste Schicht der Schraffur von links nach rechts über das gesamte Rechteck auf, wobei Sie den Stift kaum nach unten drücken. Schraffieren Sie einfach parallel.

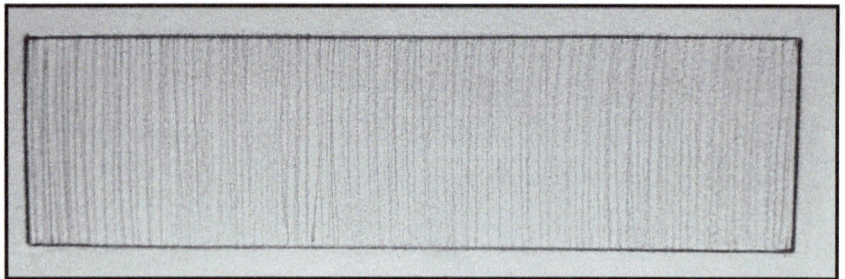

Das Foto zeigt die Stelle, von der aus mit dem Auftragen der zweiten Schicht begonnen werden soll. Führen Sie die ersten 3-4 Striche fast ohne Druck auf den Bleistift aus, aber der nachfolgende Druck sollte stärker sein. Wir schraffieren parallel.

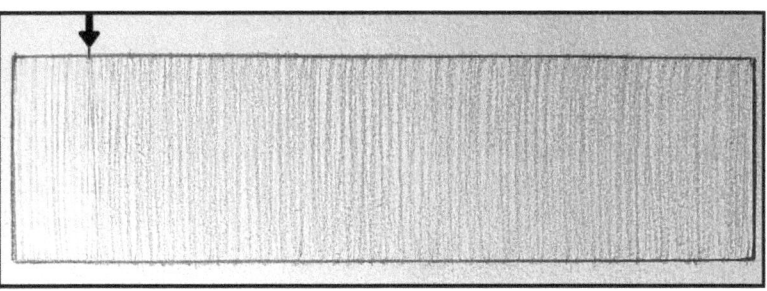

Auf dem Foto kippen die Striche ein wenig: das ist normal. Dies kann passieren, wenn Sie die Hand sanft wegbewegen. Aber achten Sie darauf, und kehren Sie zu den parallelen Strichen zurück.

Beginnen Sie an der angegebenen Stelle mit dem Auftragen der 3. Schicht auf die gleiche Weise wie bei der vorherigen. Drücken Sie bei den ersten Strichen nicht fest auf den Stift, sondern erhöhen Sie den Druck nach und nach.

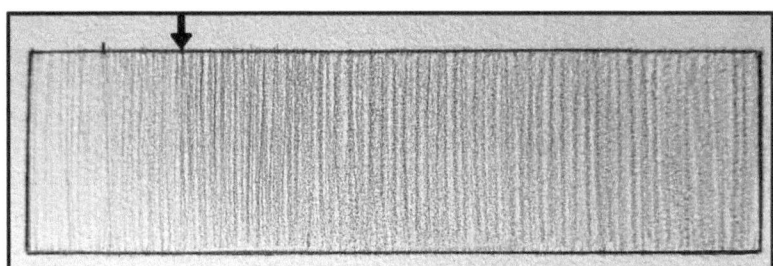

Tragen Sie die 4. Schicht nach dem gleichen Prinzip auf.

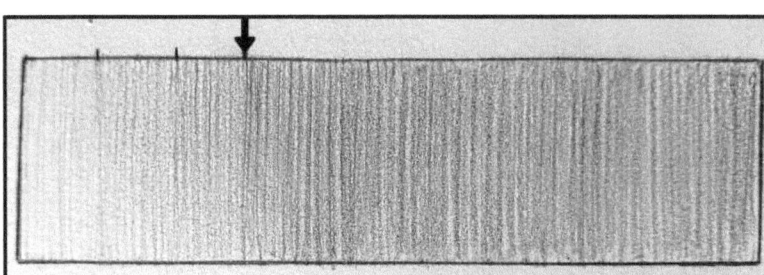

Als Ergebnis sollten Sie die gleiche Zeichnung wie auf dem Foto erhalten. Beginnen Sie an den von mir markierten Stellen mit der Anwendung neuer Ebenen. Befolgen Sie das gleiche Prinzip; fast kein Druck auf den Bleistift in den ersten Strichen, und erhöhen Sie den Druck in den folgenden Strichen nach und nach.

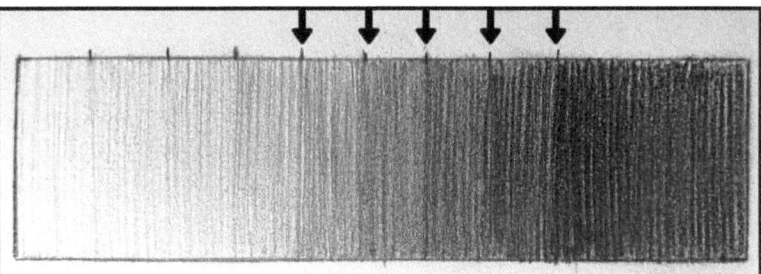

Ich habe noch keinen Studenten gesehen, der beim ersten Mal einen so reibungslosen Übergang schaffen konnte. Lassen Sie sich also nicht entmutigen, wenn Sie nicht sofort Erfolg haben. Zeichnen Sie 2-3 weitere Rechtecke und versuchen Sie es noch einmal. Üben Sie an den Rechtecken, bei denen wir das Schraffieren gelernt haben. Erinnern Sie sich, wie ich Sie bat, diese Blätter nicht wegzuwerfen? Jetzt werden sie Ihnen nützlich sein. Unsere Aufgabe ist es, zu verstehen, bei welchem Druck auf den Bleistift ein anderer Ton erzielt wird, und zu lernen, wie man den Druck beim Zeichnen sanft erhöht.

Wiederholen Sie die gleiche Übung, aber mit einer Kreuzschraffur in 2-3 Rechtecken.

Jetzt ist es an der Zeit, Ihre Fähigkeiten noch weiter zu verbessern. Vorhin haben wir den Bleistift so gehalten, wie wir ihn normalerweise beim Schreiben halten. Versuchen wir es jetzt auf eine andere Art und Weise. Zeichnen Sie wieder ein Rechteck (etwa 4x10 cm) und teilen Sie es mit einer horizontalen Linie in zwei Hälften. Nehmen Sie einen Bleistift, wie auf dem Foto gezeigt.

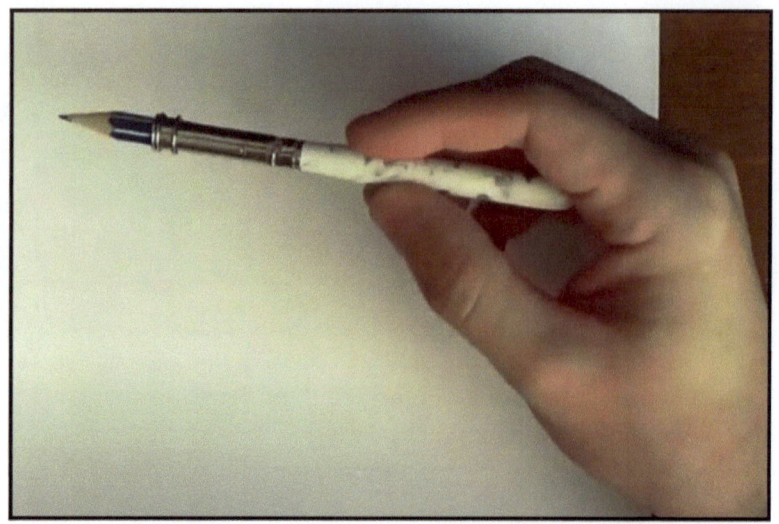

Erstellen Sie die erste lichtparallele Schattierungsebene. Zeichnen Sie die Linien nicht mit der Spitze des Bleistifts, sondern mit der gesamten Oberfläche der Mine, so dass die Linien sehr leicht und dick werden.

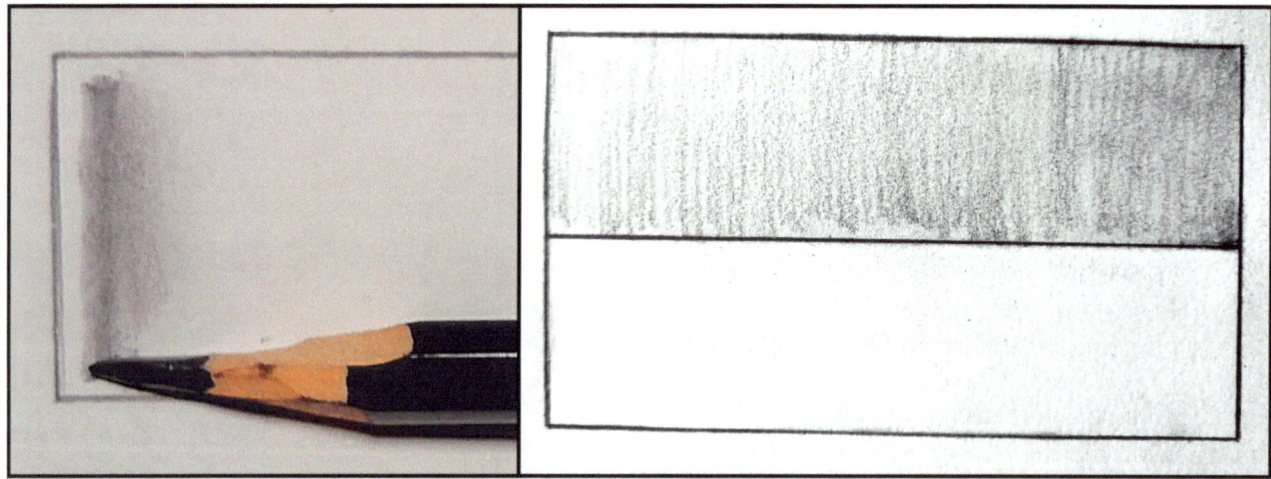

Nehmen Sie jetzt einen Bleistift, damit Sie den Druck darauf kontrollieren können, aber er auch dicke Linien über die gesamte Oberfläche der Mine ziehen kann. Wiederholen Sie die Übung in diesem Kapitel. Beginnen Sie jede neue Schicht etwas weiter als die vorhergehende und erhöhen Sie allmählich den Druck auf den Bleistift. Malen Sie so über beide Ebenen des Rechtecks.

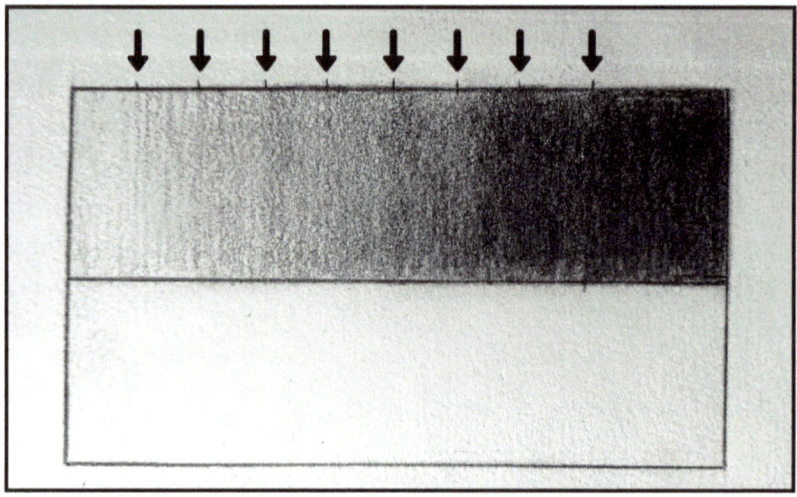

Zeichnen Sie mit Hilfe neuer Fertigkeiten einen fließenden Übergang des Schattens in den Zeichnungen, in denen wir gelernt haben, einen Ball zu zeichnen (der Ball ist oben heller, unten dunkler). Versuchen Sie, einen Schatten von dem Ball zu erstellen. Je weiter der Schatten vom Ball entfernt ist, desto heller ist er.

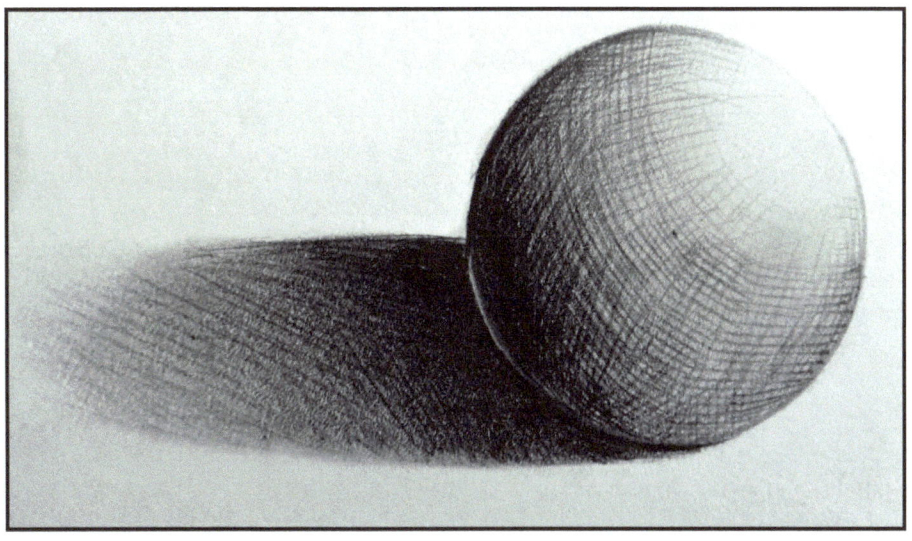

Für die korrekte Darstellung der Illusion von Raum und Volumen, zusätzlich zu den Schatten, müssen Sie bei einigen Zeichnungen die Grundregeln für die Konstruktion der Perspektive kennen.

Grundlagen der Bauperspektive

Je weiter ein Objekt von uns entfernt ist, desto kleiner erscheint es uns. Die Eisenbahn ist ein gutes Beispiel. Die Schienen haben den gleichen Abstand voneinander. Aber wenn man sie aus einem anderen Winkel betrachtet, während die Schienen in die Ferne gehen, scheint es, als wenn sie an einem Punkt zusammenlaufen. Das haben schon Künstler in der Antike bemerkt und sich Regeln ausgedacht, mit deren Hilfe dreidimensionale Objekte auf einer Ebene dargestellt werden können. Und nun werden wir die wichtigsten Regeln herausfinden, die uns beim Zeichnen nützlich sein werden, und sie in der Praxis ausprobieren.

Die Sichtlinie. Das ist die Höhe, auf der sich unser Blick befindet. Sie können diese Linie sehen, wenn Sie auf den Horizont blicken. Wenn Sie sich hinhocken, wird diese Linie höher, und wenn Sie in einem Flugzeug abheben, wird diese Linie niedriger.

Fluchtpunkt. Dies ist der Punkt am Horizont, an dem die parallelen Linien des Objekts verlaufen. Im Fluchtpunkt können nicht nur reale, sondern auch imaginäre Linien zusammenlaufen, die das Objekt fortsetzen könnten.

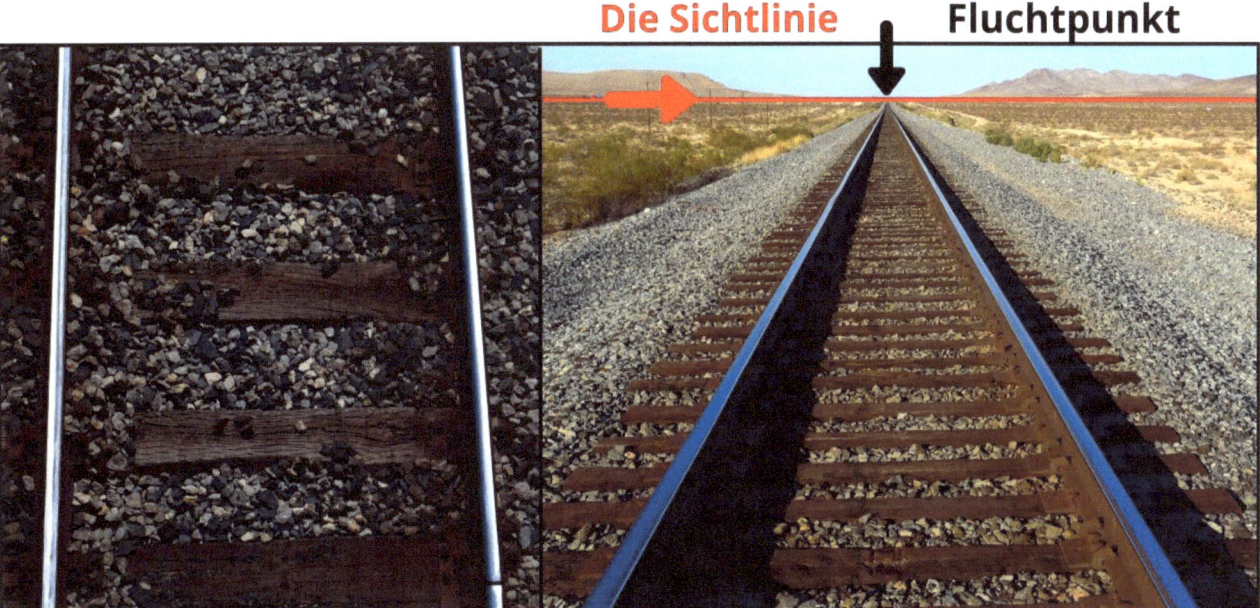

Versuchen wir, einen Würfel zu zeichnen.
Zeichnen Sie eine Linie (etwa 10 cm) des Horizonts und markieren Sie den Fluchtpunkt in der Mitte.

Zeichnen Sie ein Quadrat knapp unterhalb des Fluchtpunktes (etwa 4x4 cm).

Lassen Sie uns nun alle Ecken des Quadrats mit dem Fluchtpunkt verbinden.

Fügen Sie die Rückwand des Würfels hinzu.

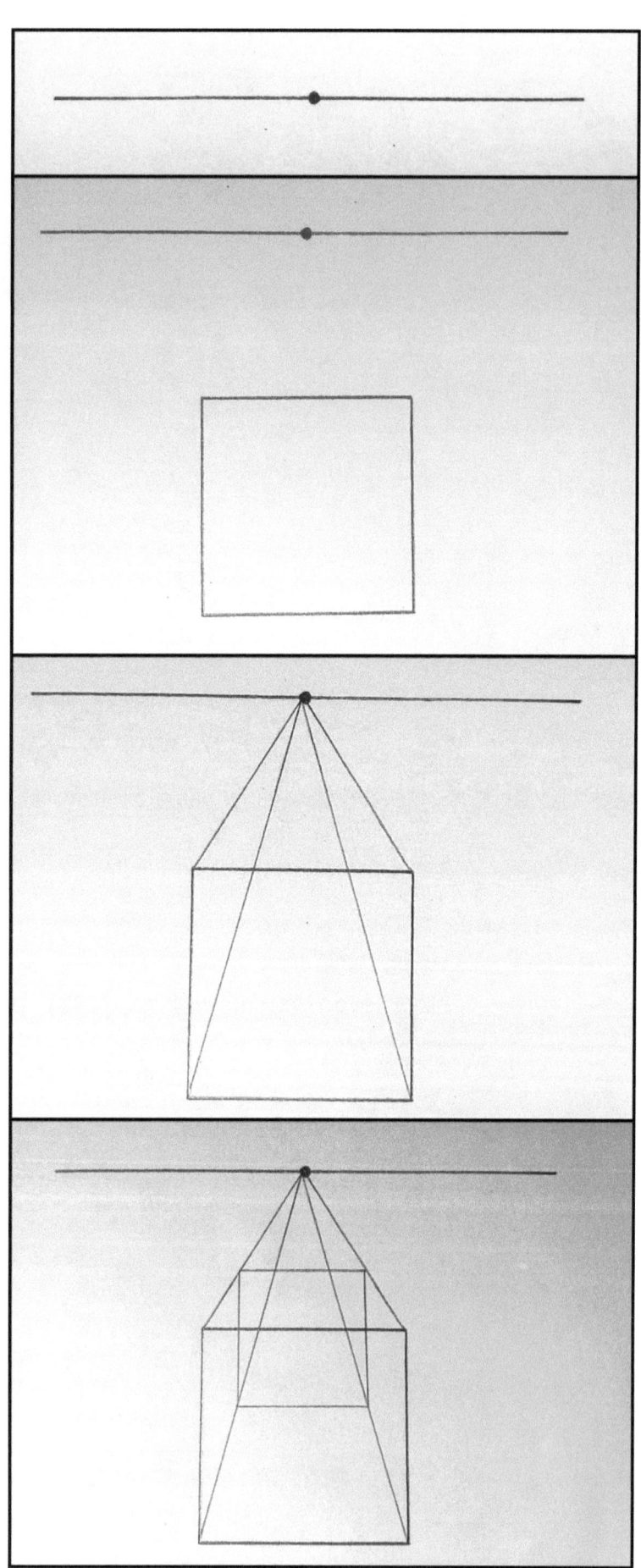

Versuchen wir eine weitere Option, bei der das Objekt leicht versetzt ist. Zeichnen Sie ein Quadrat rechts von unserem Würfel.

Zeichnen Sie Linien von drei der Ecken bis zum Fluchtpunkt.

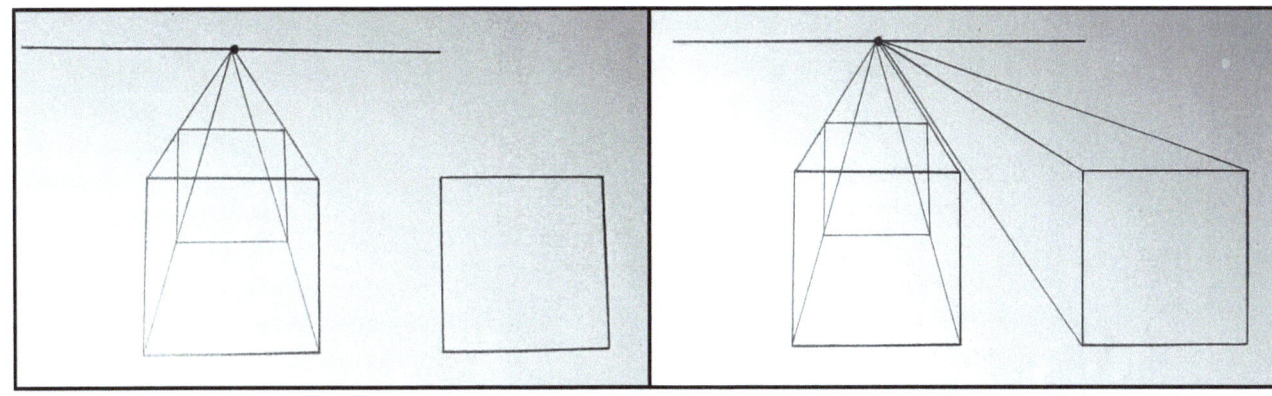

Und beenden Sie die Zeichnung der hinteren Kanten.

Radieren Sie nun die zusätzlichen Linien auf beiden Formen aus.

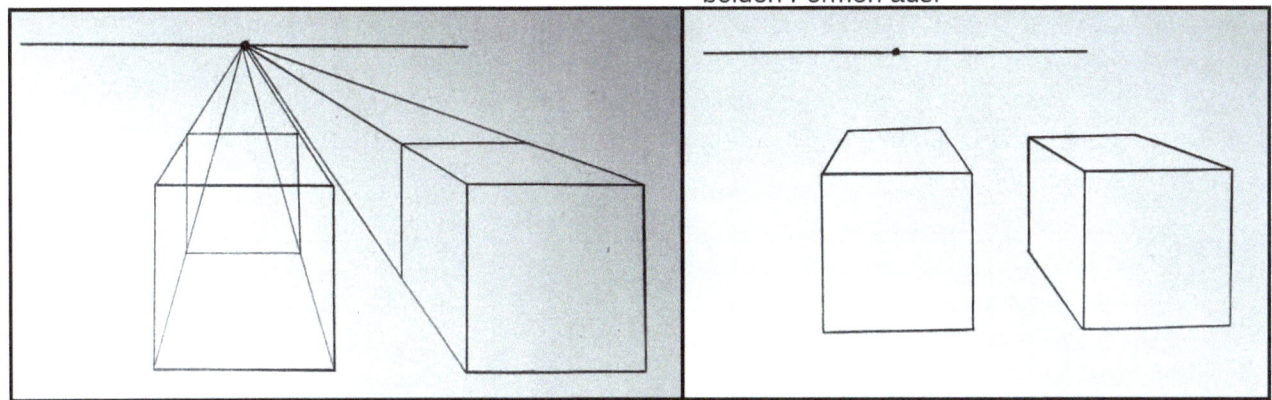

Dies sind nicht die einzigen Methoden, um eine Perspektive aufzubauen. Es gibt Varianten mit mehreren Fluchtpunkten. Der Fluchtpunkt kann unterhalb oder seitlich des Objekts liegen. Wir haben bisher nur die Grundregel gelernt. Aber jetzt wissen wir genug, um die Zeichnungen aus diesem Buch anzufertigen, und wir können nun mit dem Zeichnen beginnen. Ich werde versuchen, die Lektionen von leicht bis schwer einzuordnen, so dass sich Ihre Fähigkeiten allmählich verbessern. Fangen wir also an.

Warnung! Wenn wir einen Gegenstand auf den Tisch legen, und rechts davon befindet sich eine Lichtquelle, dann wird die rechte Seite des Gegenstandes hell sein, die linke Seite wird dunkler sein, da der fallende Schatten auf der linken Seite liegt. Wenn wir aber von der anderen Seite um das Objekt herumgehen, dann werden Licht und Schatten auch auf der anderen Seite sein. In den Zeichnungen bleiben helle und dunkle Stellen immer an einer Stelle, so dass diese Illusionen nur aus einem Blickwinkel realistisch aussehen. Am besten sieht man eine Illusion, wenn man sie durch die Kamera des Telefons betrachtet, denn die Kamera erfasst nur einen Winkel. Betrachten Sie daher während des Zeichnens regelmäßig Ihre Zeichnung durch die Telefonkamera aus dem Winkel, aus dem Sie die Illusion betrachten müssen, damit sie realistisch aussieht, um zu sehen, wie die Illusion ausfällt und um Fehler zu erkennen. Wenn Sie Ihre Zeichnung Freunden zeigen wollen, dann fotografieren Sie sie aus dem besten Winkel, aus dem die Illusion am realistischsten aussieht, und zeigen Sie Ihren Freunden das Foto. Wenn Sie die Zeichnung zeigen, könnten Ihre Freunde aus dem falschen Winkel schauen und die Illusion nicht sehen.

Wolkenkratzer

1. Zeichnen Sie in der linken oberen Ecke des A4-Papiers ein Quadrat (6x6 cm).
2. Die untere rechte Ecke des Blattes wird der Fluchtpunkt sein. Zeichnen Sie Linien von den Ecken des Quadrats zu dieser Seite.
3. Messen Sie etwa 20-21 cm von der linken Ecke des Quadrats. Zeichnen Sie von dieser Stelle aus 2 Linien und radieren Sie das Unnötige weg.
4. Ziehen Sie von der Mitte der Oberseite eine Linie zur Mitte der Unterseite. Tun Sie dies auf beiden Seiten.
5. Zeichnen Sie Linien über die Form: je niedriger, desto kleiner der Abstand zwischen den Linien.
6. Zeichnen Sie Linien im Abstand von etwa 1 cm auf das Blatt. Diese Linien tragen dazu bei, die Illusion einer flachen Oberfläche zu erzeugen.
7. Zeichnen Sie einen helleren Schatten auf die linke Seite des Wolkenkratzers. Vergessen Sie nicht, dass die Schattierung in mehreren Schichten erfolgt.
8. Zeichnen Sie einen Schatten auf die rechte Seite. Er sollte etwas dunkler sein.
9. Es gibt einen fallenden Schatten. Vergessen Sie nicht, dass der Schatten am Grund des Objekts immer dunkler wird, und er wird heller, je weiter er sich entfernt. In unserer Zeichnung befindet sich die Lichtquelle auf der linken Seite, was bedeutet, dass der fallende Schatten auf der rechten Seite sein wird.

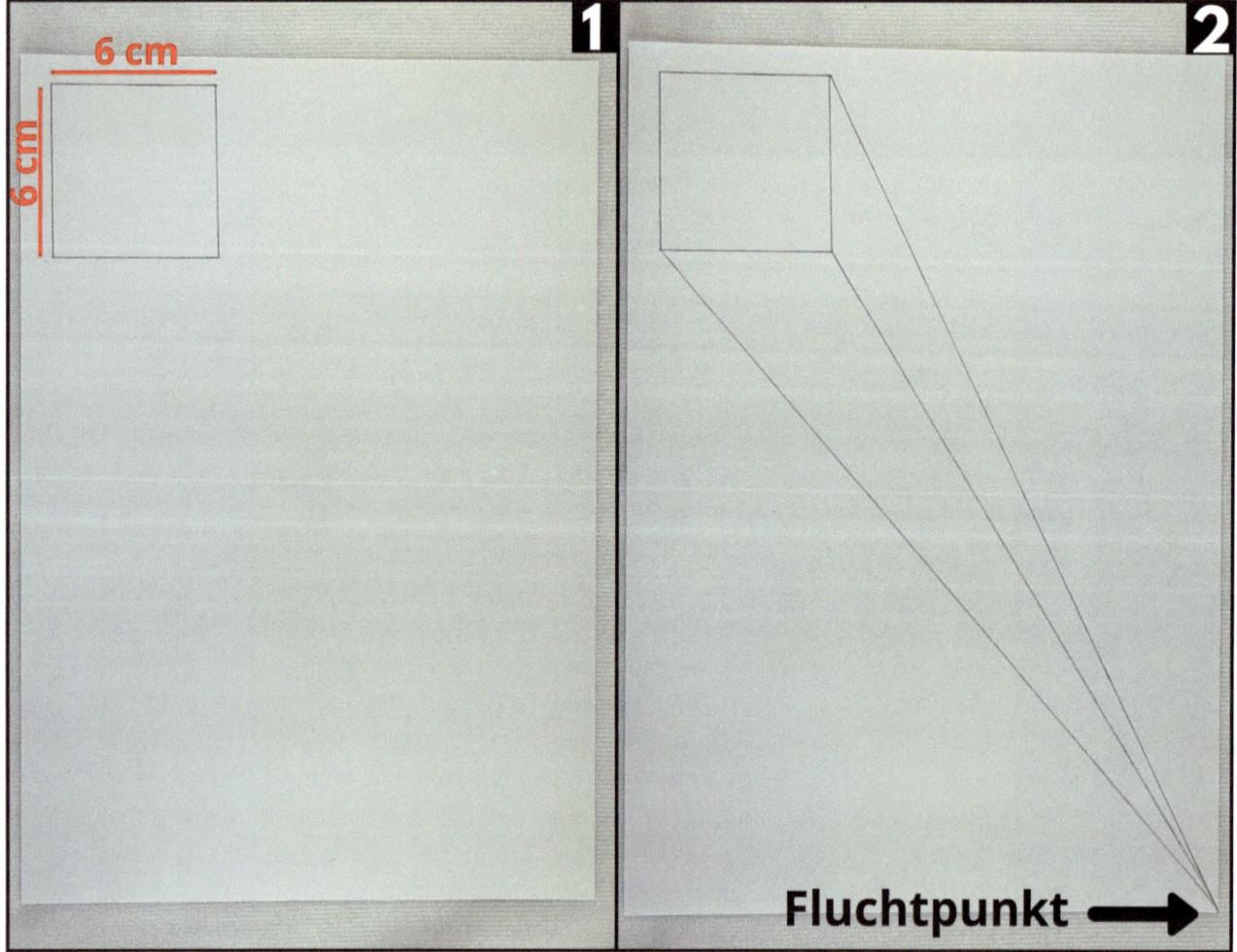

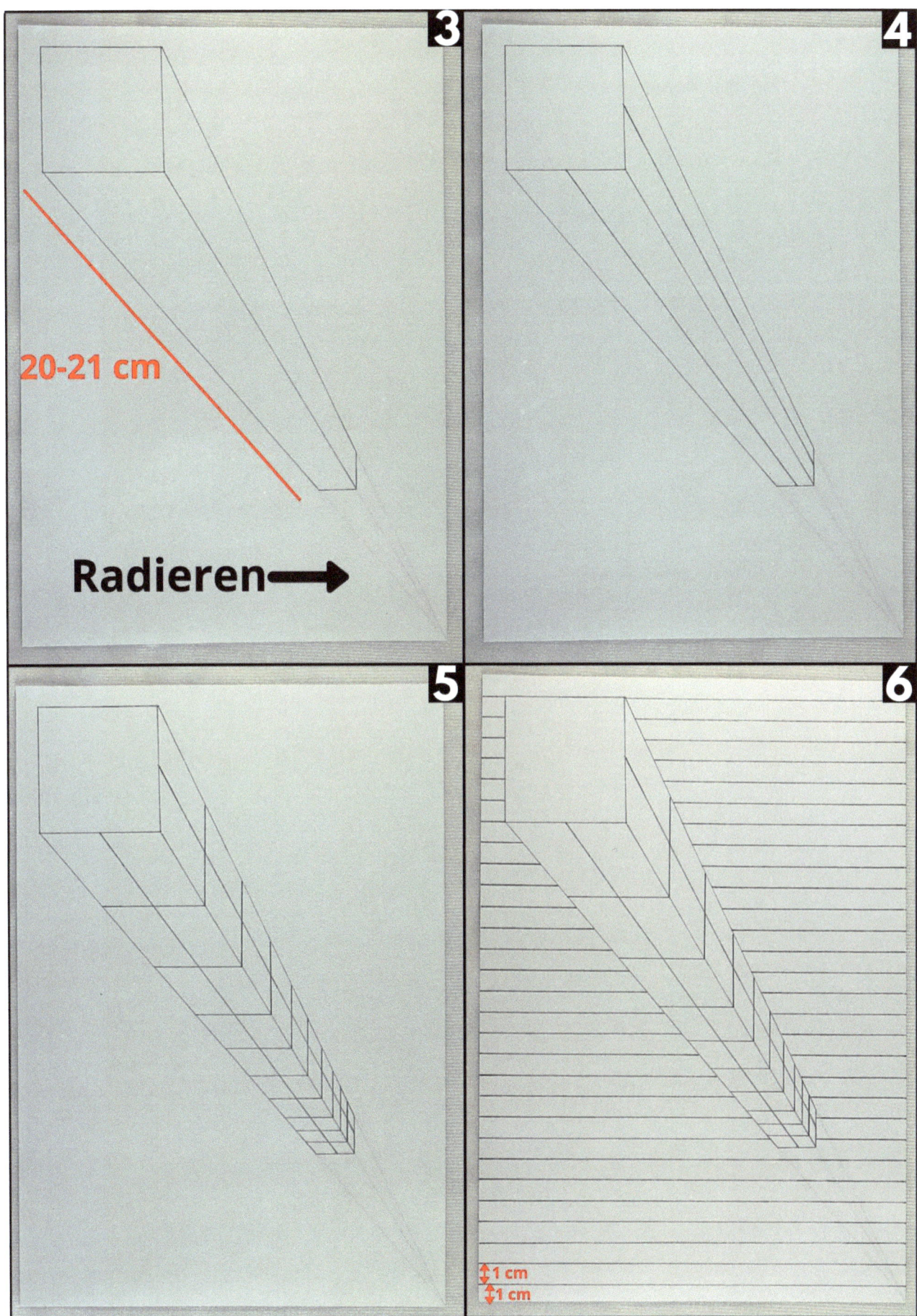

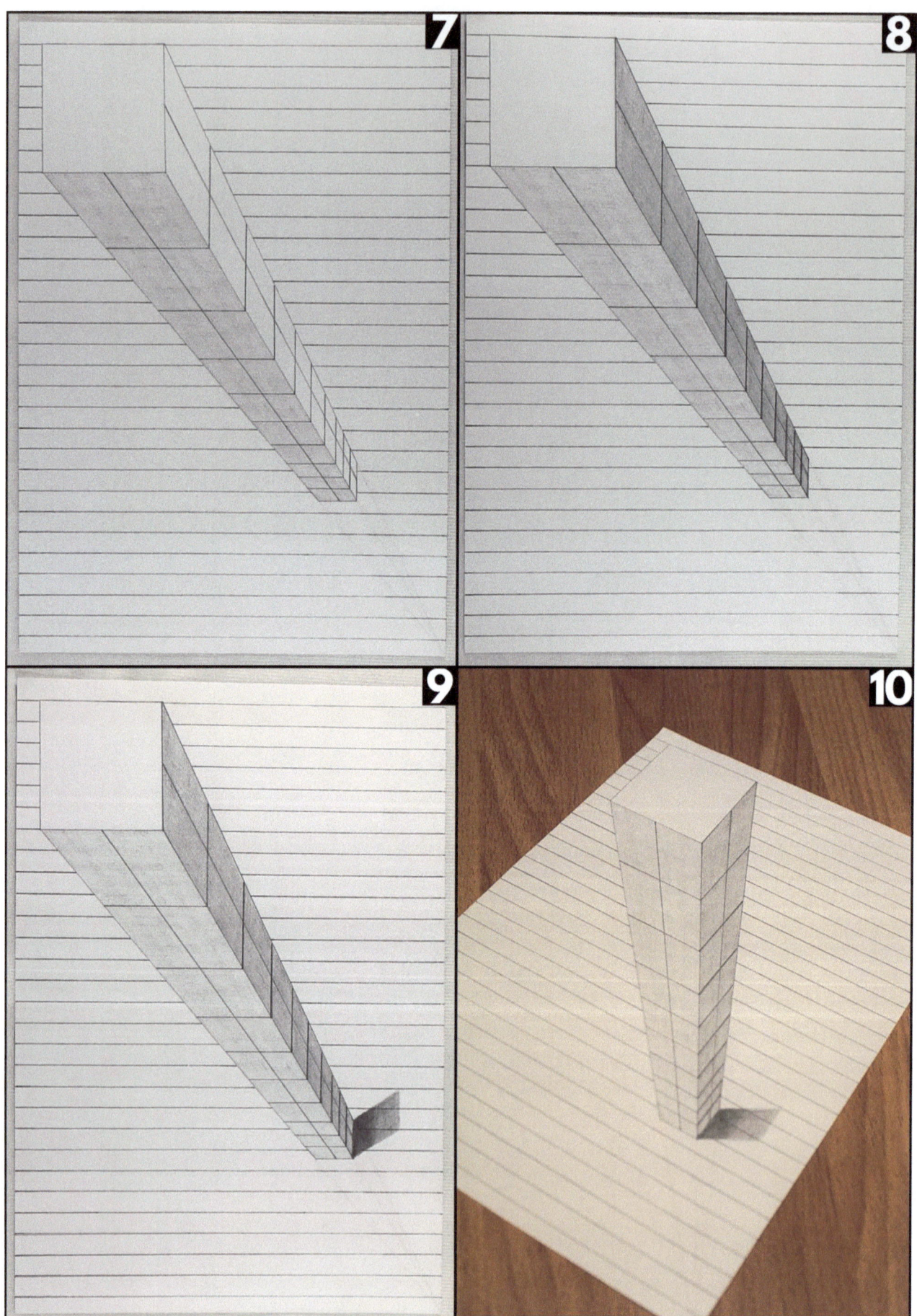

Treppen nach unten

1. Platzieren Sie das A4-Blatt vertikal. Machen Sie Punkte an den gleichen Stellen wie auf dem Foto.
2. Verbinden Sie die Punkte.
3. Radieren Sie den Überschuss.
4. Markieren Sie auf den Längsseiten des Rechtecks einen Punkt nach 1 cm, den nächsten nach 2 cm, den nächsten nach 1 cm, den nächsten nach 2 cm. Fahren Sie fort, die Punkte in dieser Reihenfolge bis zum Ende des Rechtecks zu markieren.
5. Zeichnen Sie mit diesen Punkten Rechtecke. Jedes nächste Rechteck sollte 1 cm niedriger sein als das vorherige. Das erste Rechteck ist 13 cm hoch, das nächste 12, das nächste 11 usw.
6. Verbinden Sie die Ecken der Rechtecke.
7. Übermalen Sie einen Teil der Zeichnung mit einem schwarzen Filzstift.
8. Übermalen Sie die schmalen Stellen (die 1 cm groß sind) mit einem Bleistift.
9. Die Zeichnung ist fertig. Damit sie eine andere Grösse ergibt, müssen alle Stufen die gleiche Breite haben (ich habe 2 cm), und auch alle Zwischenräume zwischen den Stufen sollten gleich sein (ich habe 1 cm). Auch die Höhe, um die die Stufen reduziert werden, sollte für alle Stufen gleich sein (in meinem Beispiel ist jede um 1 cm niedriger).
10. Um einen besseren Effekt zu erzielen, können Sie einen Schatten hinzufügen. Ziehen Sie eine Linie von der oberen Ecke der ersten Stufe bis etwa zur Mitte der letzten Stufe und schattieren Sie diese.

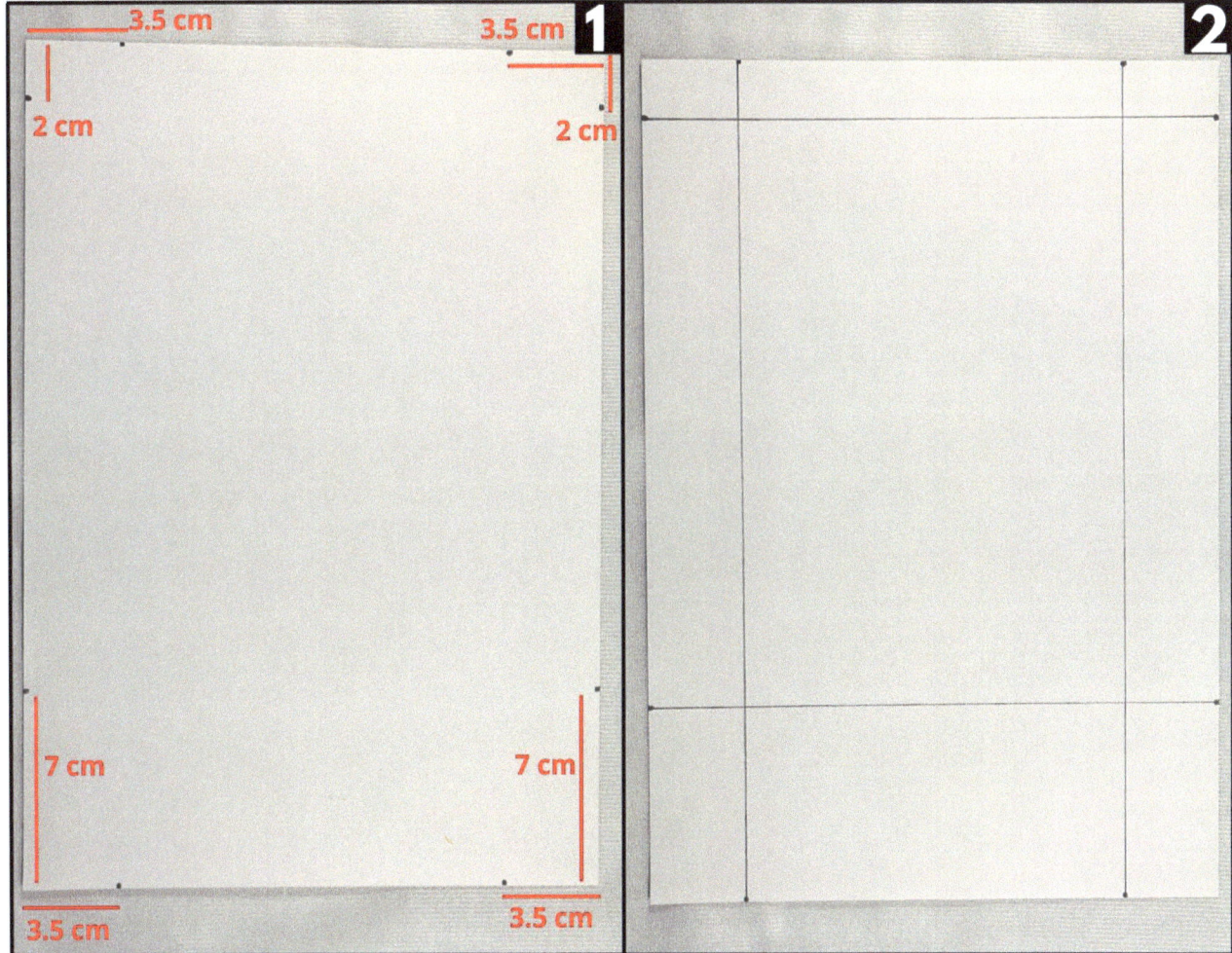

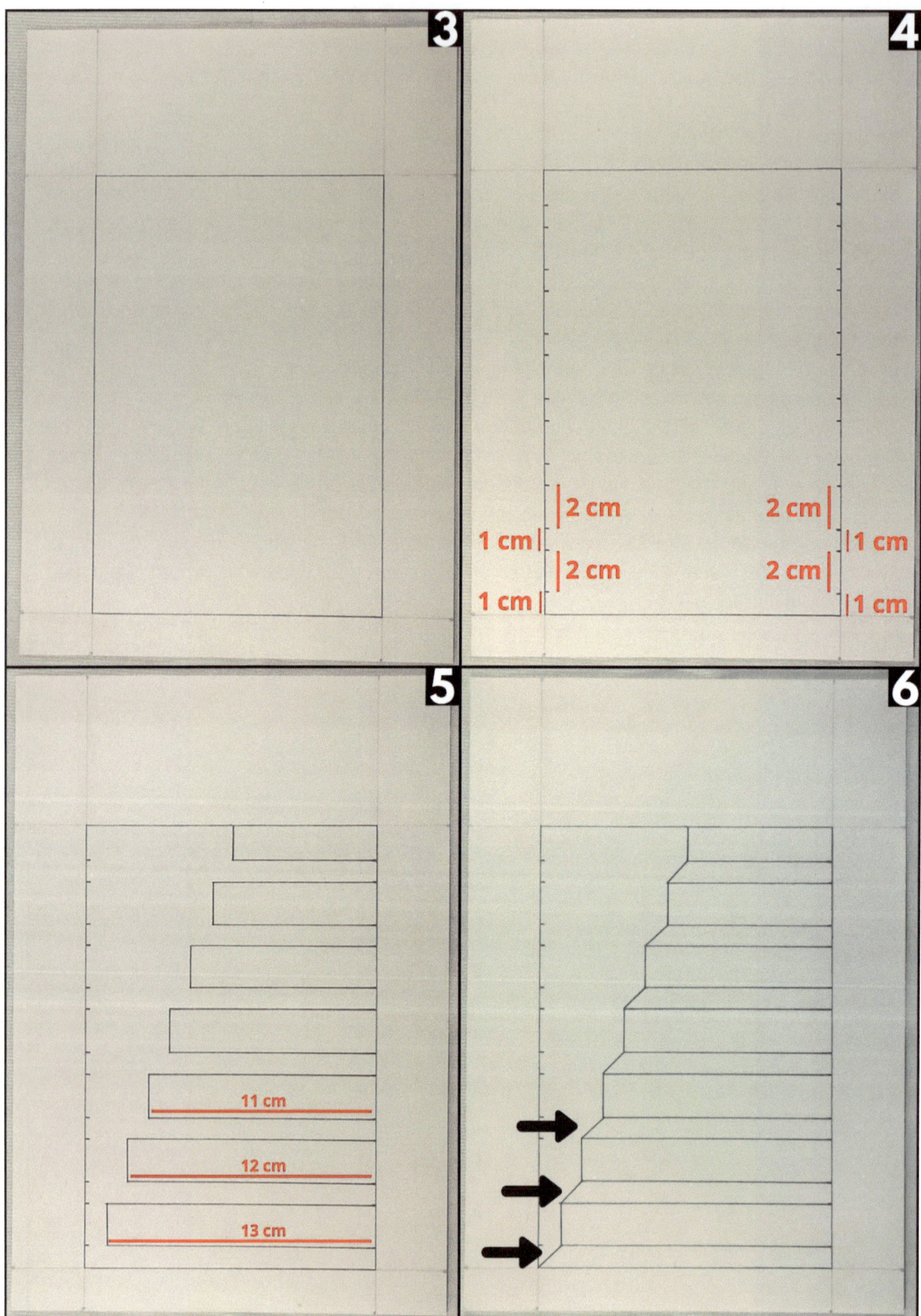

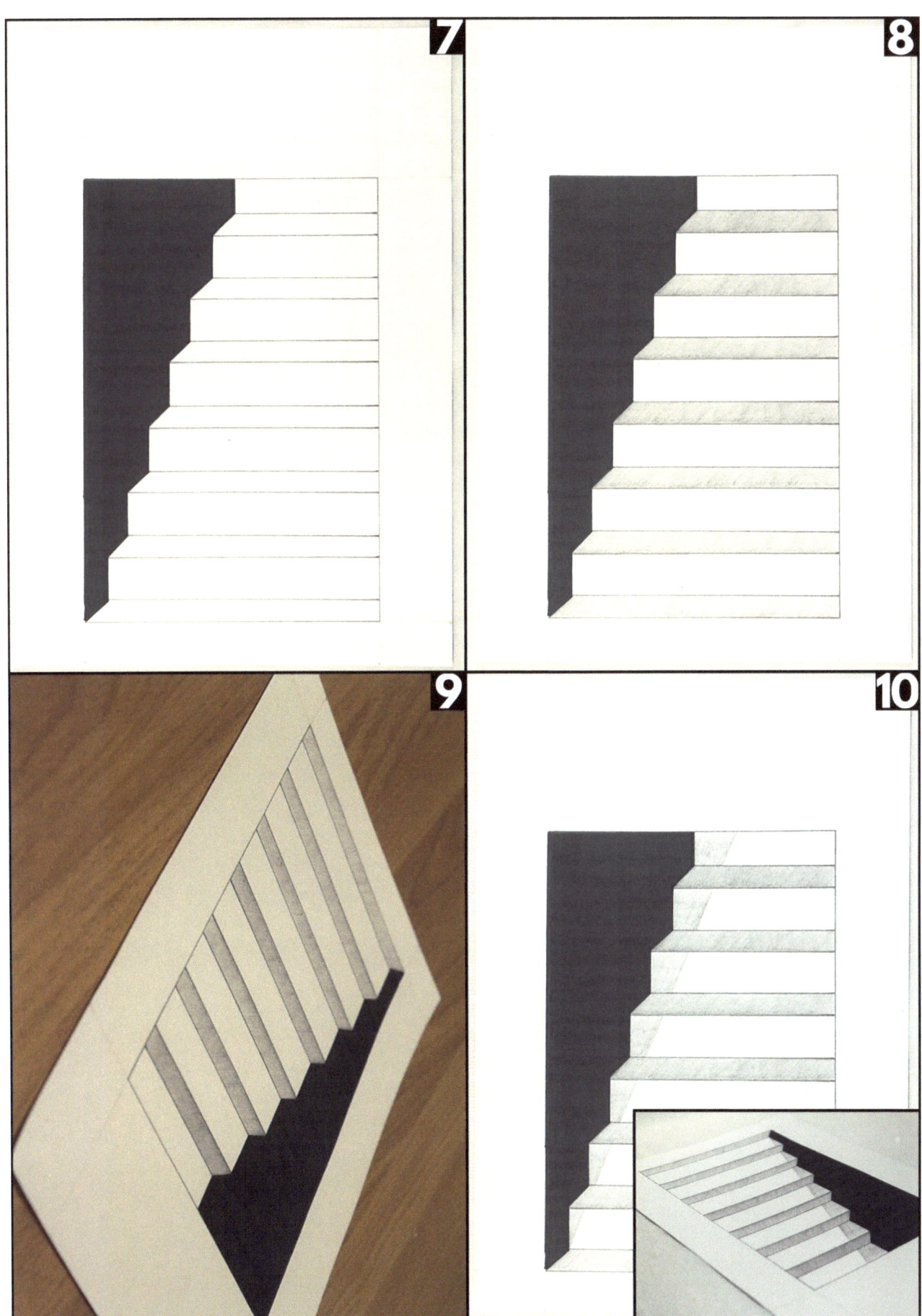

Fliegender Würfel

1. Markieren Sie einen Punkt genau in der Mitte der Oberkante des Blattes. Zeichnen Sie ihn nicht allzu schwarz; wir löschen ihn später aus.
2. Zeichnen Sie daraus Linien nach oben und unten (1,5 cm) sowie nach rechts und links (je 2,5 cm). Machen Sie auch diese nicht zu dunkel.
3. Verbinden Sie die Enden der Linien, um eine Raute zu bilden, und radieren Sie dann die Linien.
4. Markieren Sie ganz unten in der Mitte des Blattes den Fluchtpunkt.
5. Zeichnen Sie von den 3 Ecken der Raute 9 cm lange Linien in Richtung des Fluchtpunktes. Verbinden Sie dann die Linien.
6-7. Messen Sie von der unteren (rechten und linken) Ecke aus 5 cm in Richtung des Fluchtpunktes und setzen Sie Punkte an dieser Stelle. Von der Ecke in der Mitte aus Punkte 3 und 4 cm markieren. Zeichnen Sie sie nicht zu dunkel.
8. Zeichnen Sie Schatten auf den Würfel und einen Schlagschatten darunter. Der Schatten ist auf der rechten Seite des Würfels etwas heller und auf der linken Seite dunkler.
9. Ziehen Sie 15 horizontale Linien im Abstand von 1 cm, ausgehend von der Unterkante. Die Linien dürfen den Würfel nicht kreuzen. Entfernen Sie dann 2 cm vom linken Rand und machen Sie eine vertikale Linie.
10. Schneiden Sie die Oberseite des Blattes ab.

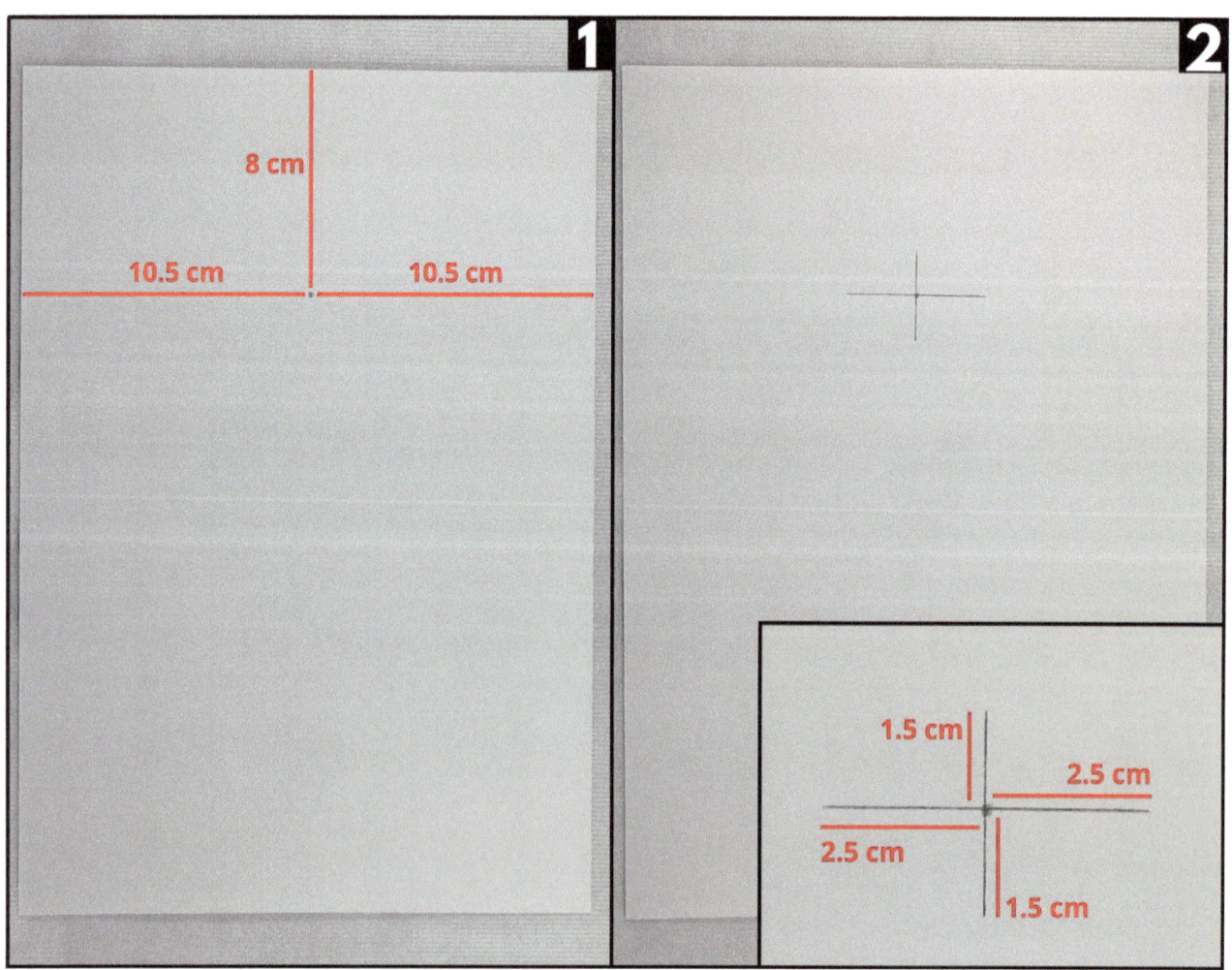

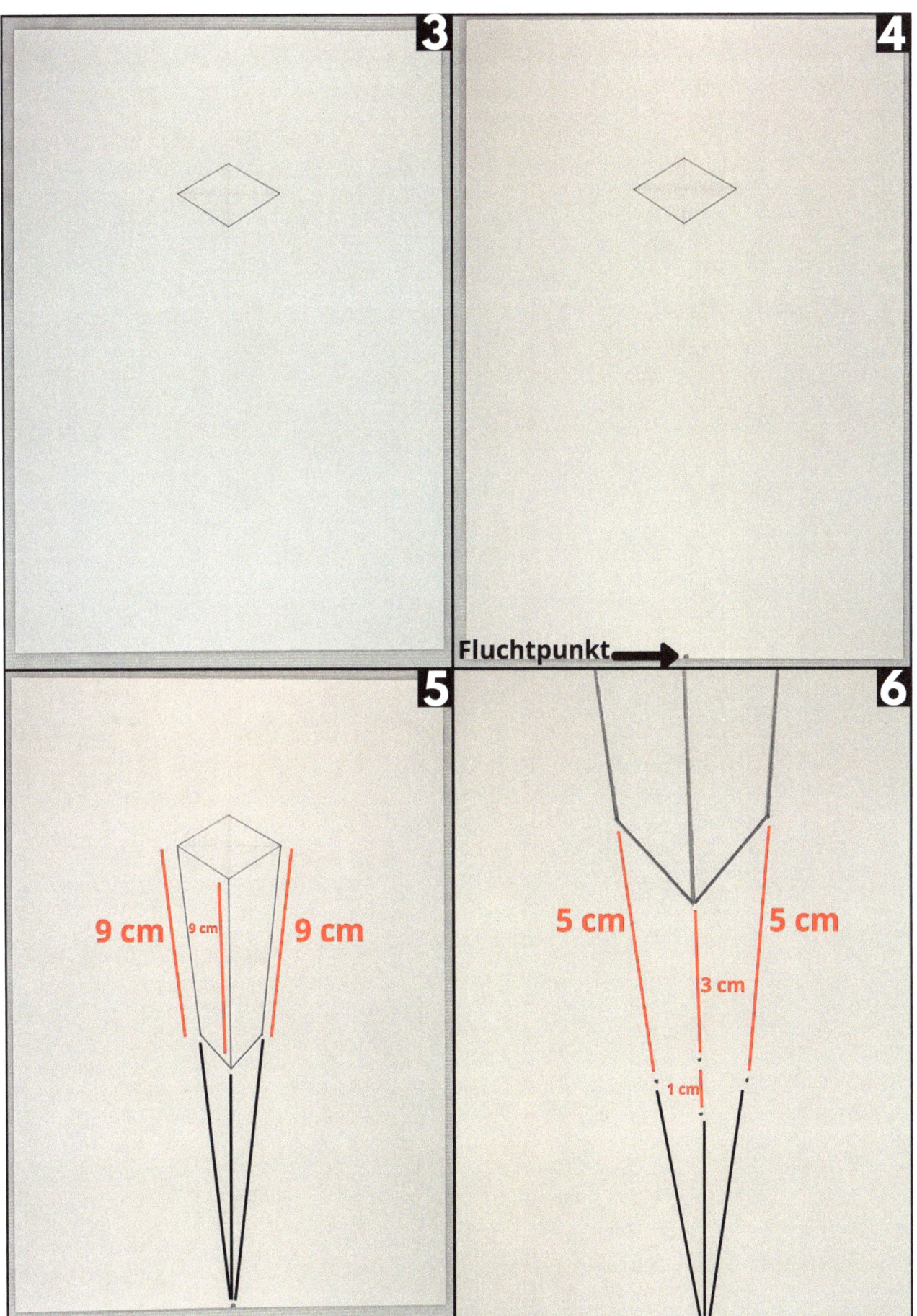

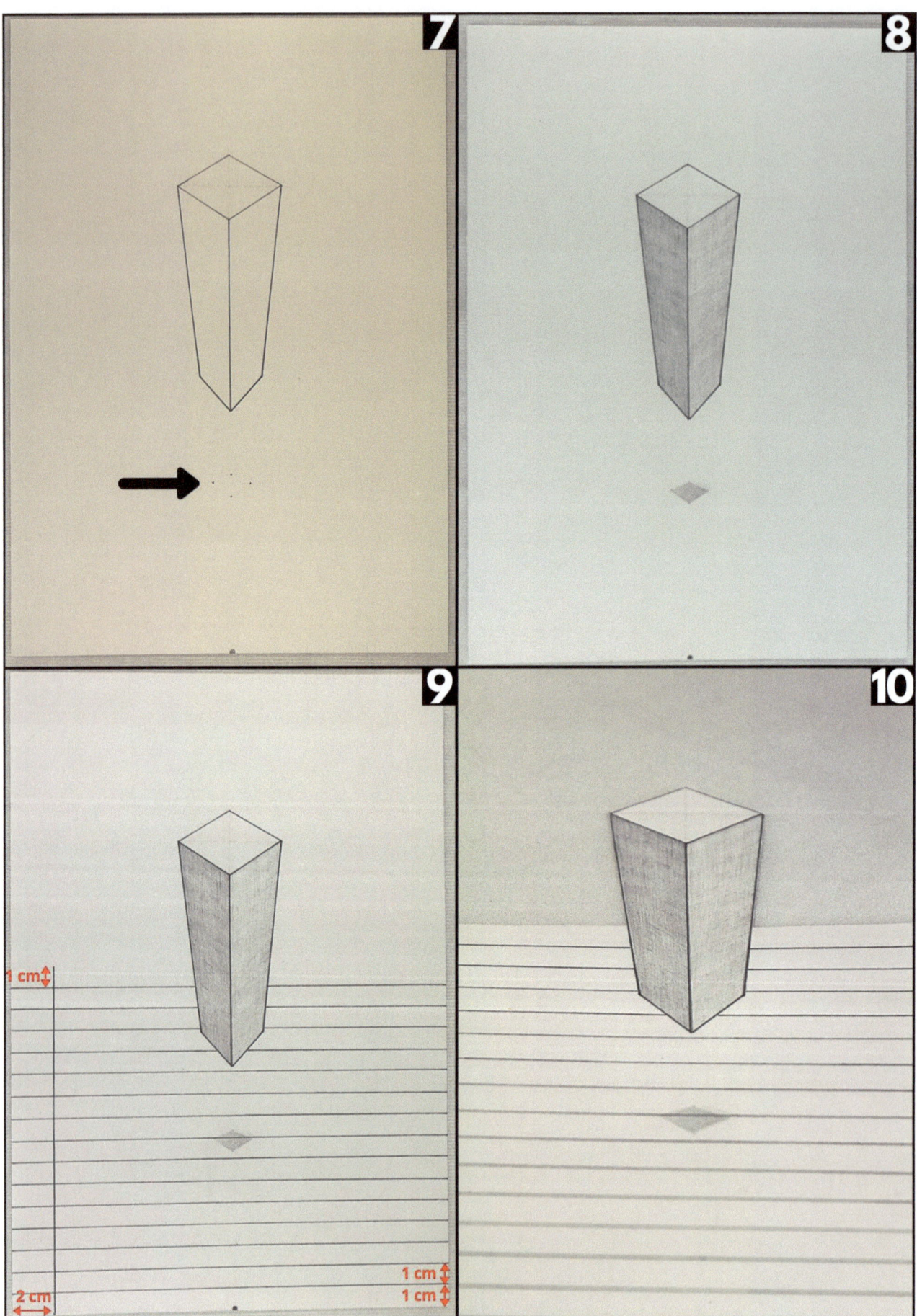

Der Buchstabe H

1. Zeichnen Sie den Buchstaben H auf das A4-Blatt. Meine Größen müssen nicht eingehalten werden. Zum ersten Mal empfehle ich Ihnen, die Größe kleiner zu machen, damit Sie üben können. Sehen Sie, welche Fehler entstehen können, und übermalen Sie nicht zu viel.
2. Markieren Sie alle 2 cm Punkte, rechts und links an den Rändern des Blattes. Beginnen Sie von oben nach unten.
3. Verbinden Sie diese Punkte mit Linien, aber zeichnen Sie keine Linien auf den Buchstaben selbst.
4. Nehmen Sie noch ein Blatt. Platzieren Sie es wie auf dem Foto und markieren Sie den Fluchtpunkt darauf. Er sollte sich links und etwas unterhalb des Buchstabens H befinden. Achten Sie darauf, dass sich das untere Blatt nicht bewegt. Der Einfachheit halber können Sie die Position des Blattes markieren, indem Sie eine kleine Ecke dazwischen zeichnen. Falls sich eines der Blätter versehentlich bewegt, kann es an die gleiche Stelle gesetzt werden.
5. Ziehen Sie von den 5 Ecken des Buchstaben aus Linien in Richtung des Fluchtpunktes, aber verlängern Sie die Linien nicht außerhalb des Buchstabens.
6. Zeichnen Sie Schatten auf 3 Seiten. Diese Schatten sollten sehr dunkel sein.
7. Zeichnen Sie den Rest der Schatten; sie sollten heller sein. Vergessen Sie nicht, dass Sie in Richtung des Motivs schraffieren müssen.
8. Die Illusion ist vollständig.
9. Sie können auch zwei weitere interessante Blickwinkel sehen.
10. Dies ist ein Beispiel für eine falsche Zeichnung. Auf ihr sind nicht alle Linien auf den Fluchtpunkt gerichtet, so dass sie sehr schief ausgefallen ist. Verstehen Sie nun, wie wichtig der Fluchtpunkt ist?

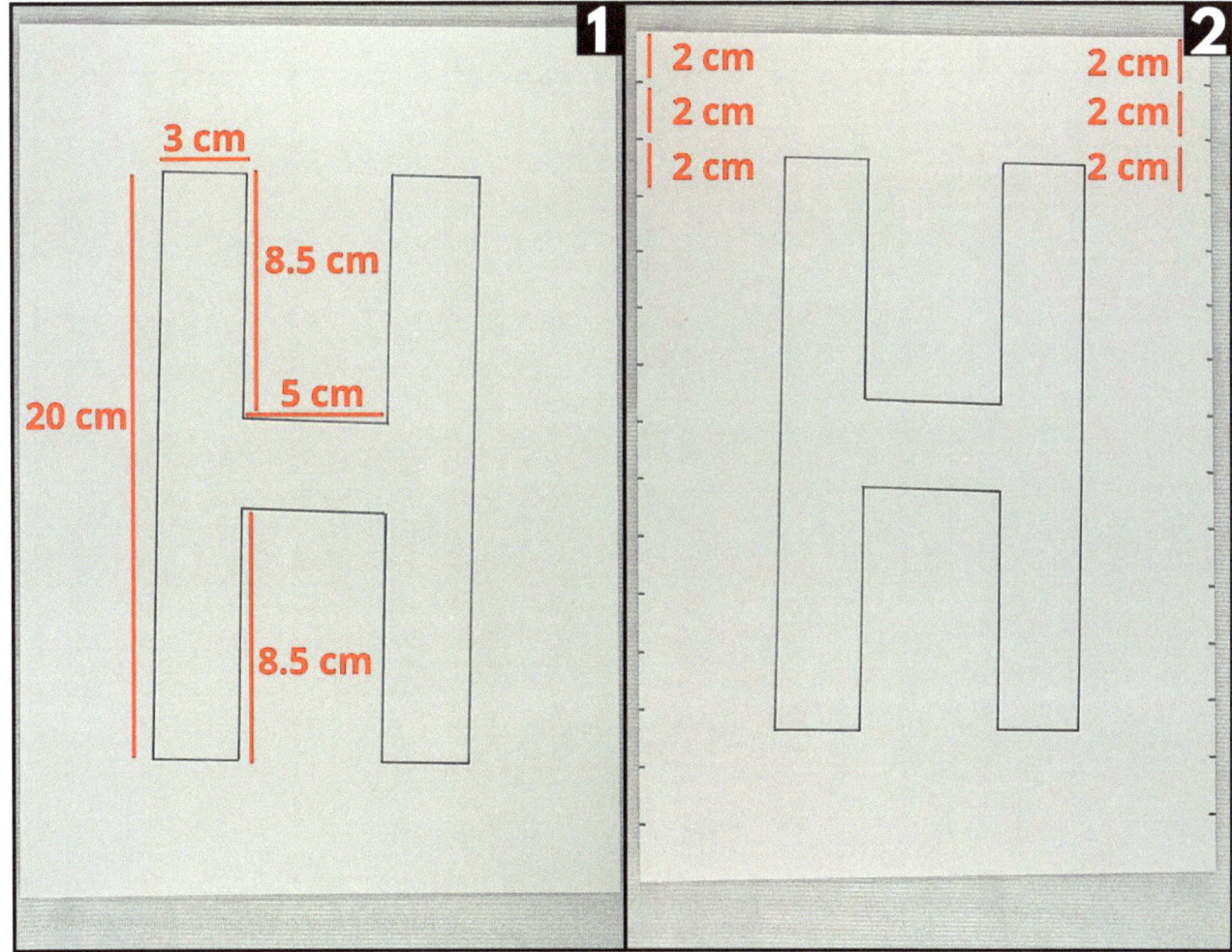

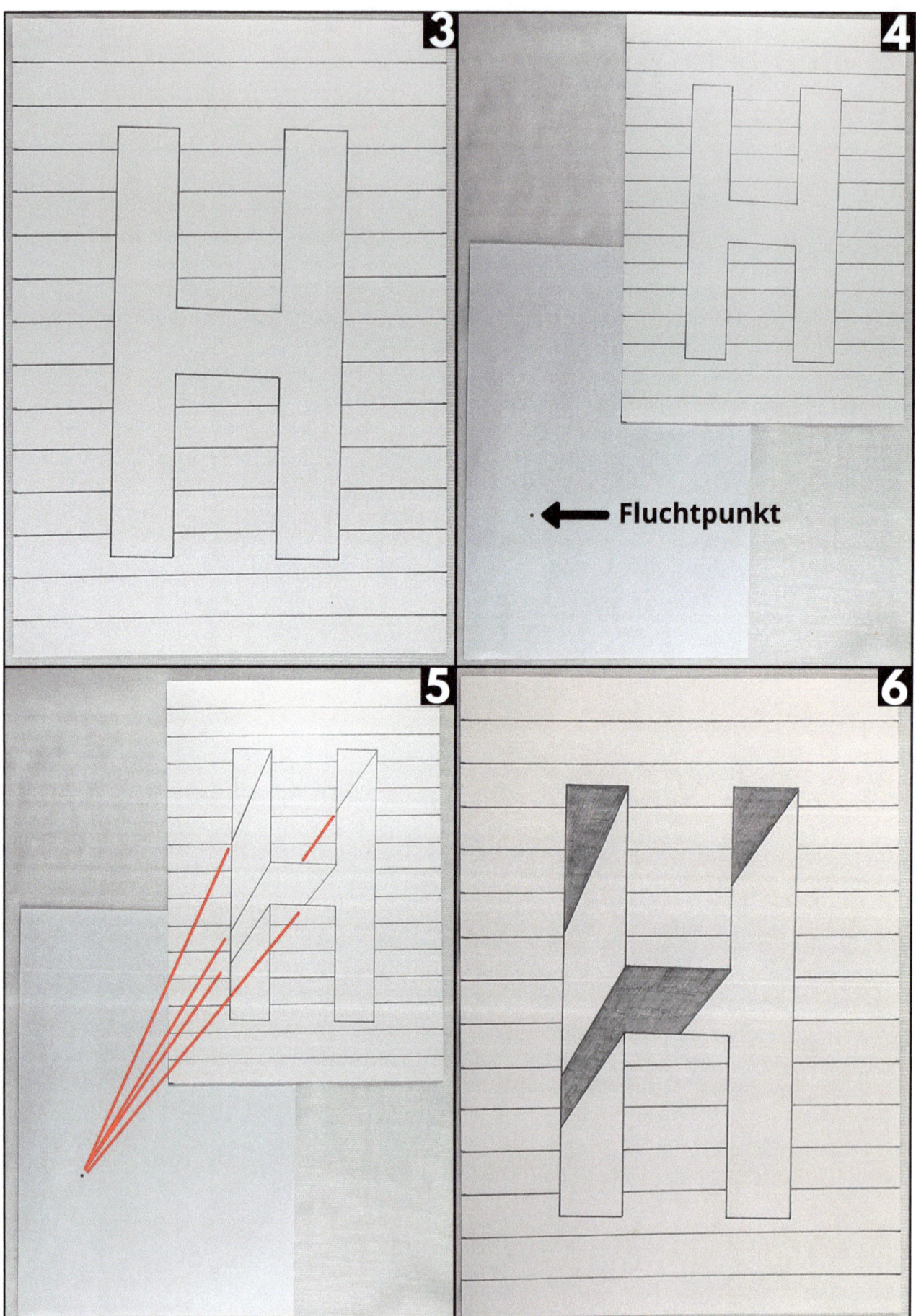

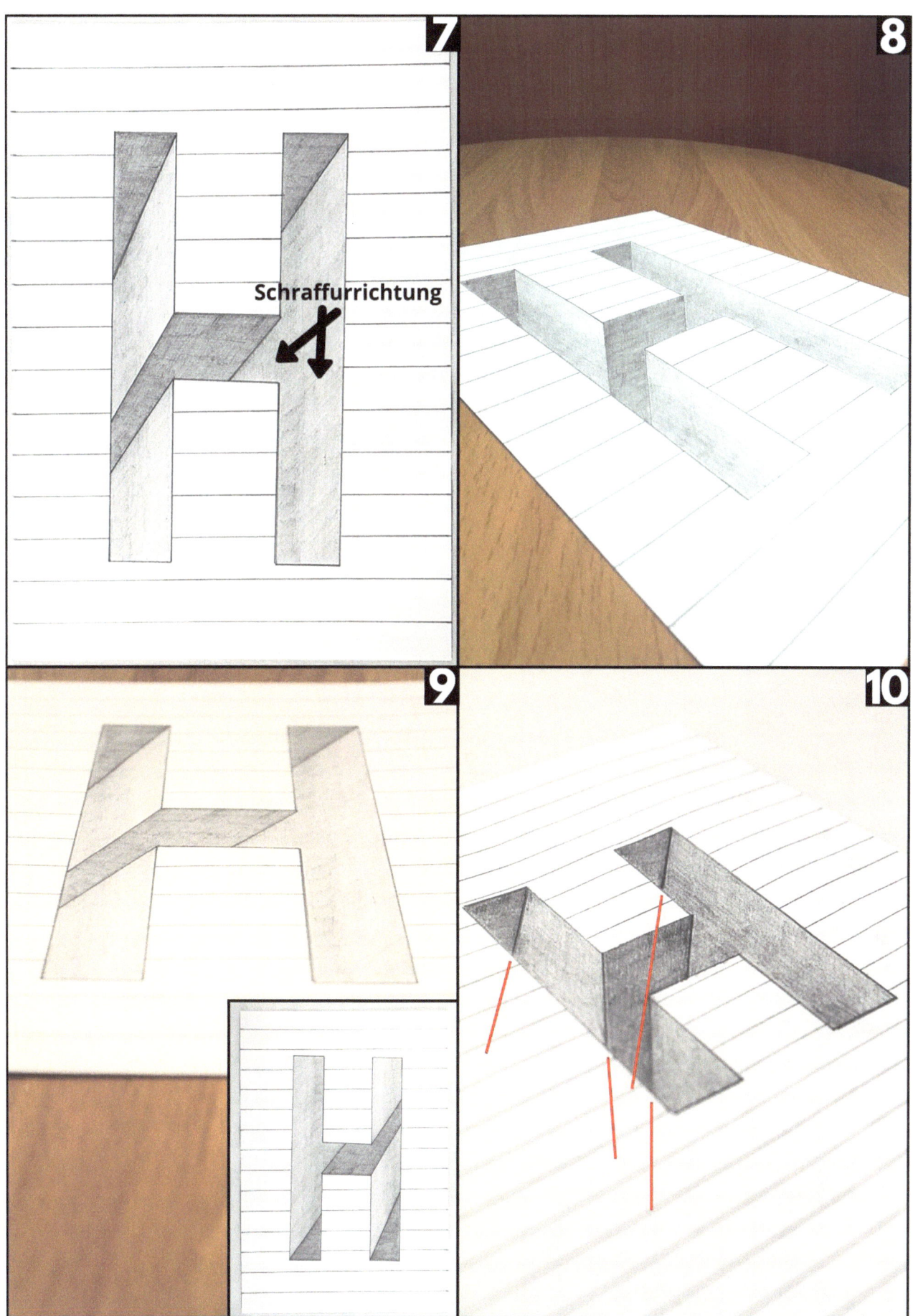

Der Buchstabe A

1. Zeichnen Sie auf A4-Papier in der linken oberen Ecke ein Quadrat und darin den Buchstaben A. Beachten Sie alle Maße.
2. Radieren Sie unnötige Linien aus dem Quadrat. Messen Sie auf der rechten Seite des Blattes von der oberen Ecke aus 17,5 cm ab und setzen Sie dort den Fluchtpunkt. Zeichnen Sie von 3 Ecken des Buchstabens A 5 cm lange Linien in Richtung dieses Punktes. Verbinden Sie dann die Linien.
3. Messen Sie 2,5 cm von den Ecken des Buchstaben ab, setzen Sie dort Punkte und ziehen Sie dann Linien zwischen ihnen.
4. Zeichnen Sie die Linien 1, 2 und 3 (sie sollten in Richtung des Fluchtpunktes zeigen). Zeichnen Sie dann die Linien 4, 5, 6, 7, 8, 9.
5. Überschüssige Linien sanft ausradieren.
6. Erstellen Sie Schatten auf drei Seiten. Diese Schatten sollten hell sein.
7. Zeichnen Sie auf drei weiteren Seiten Schatten. Diese Schatten sind bereits dunkler.
8. Übermalen Sie den fallenden Schatten mit einem schwarzen Filzstift.
9. Schneiden Sie das Blatt ab.

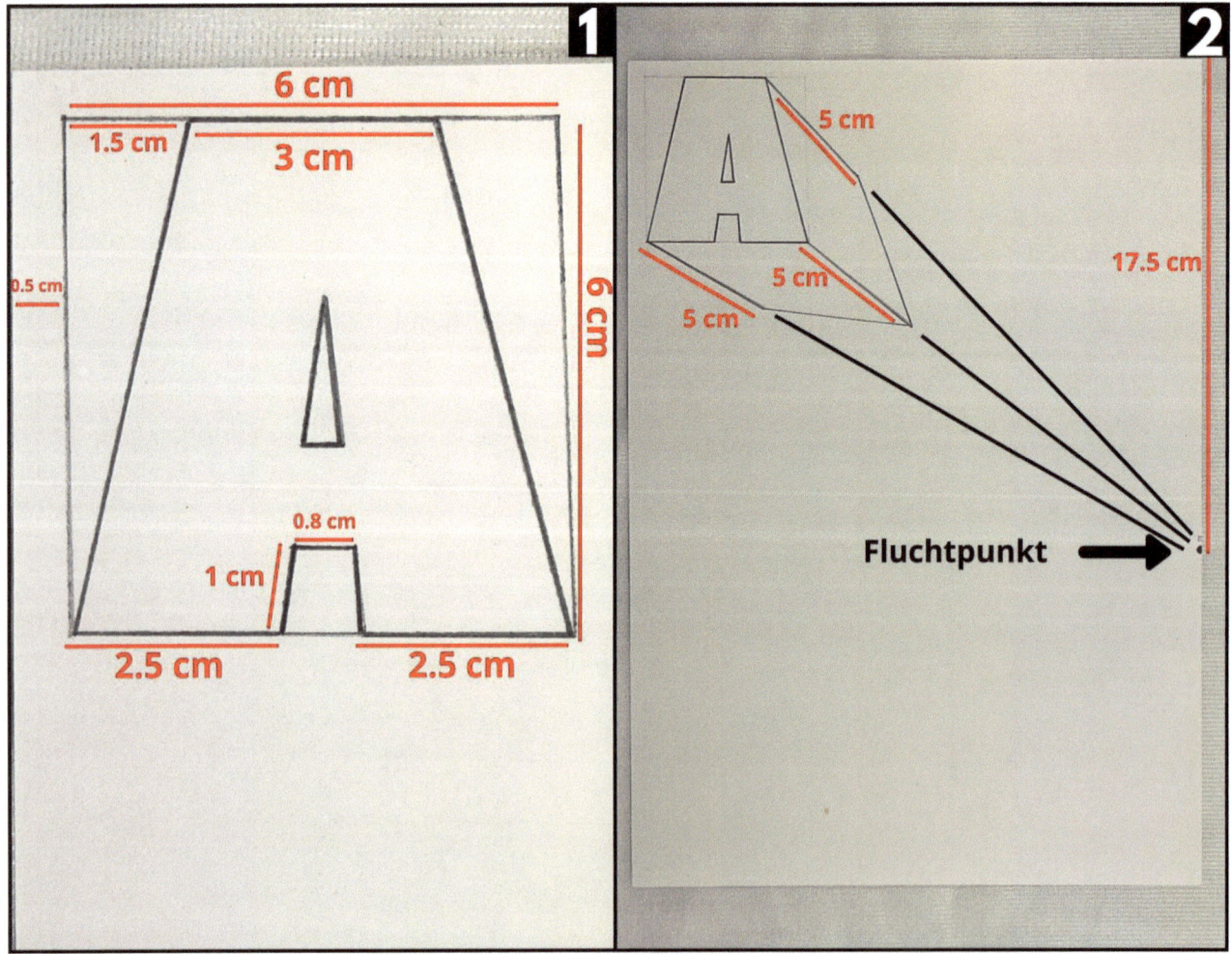

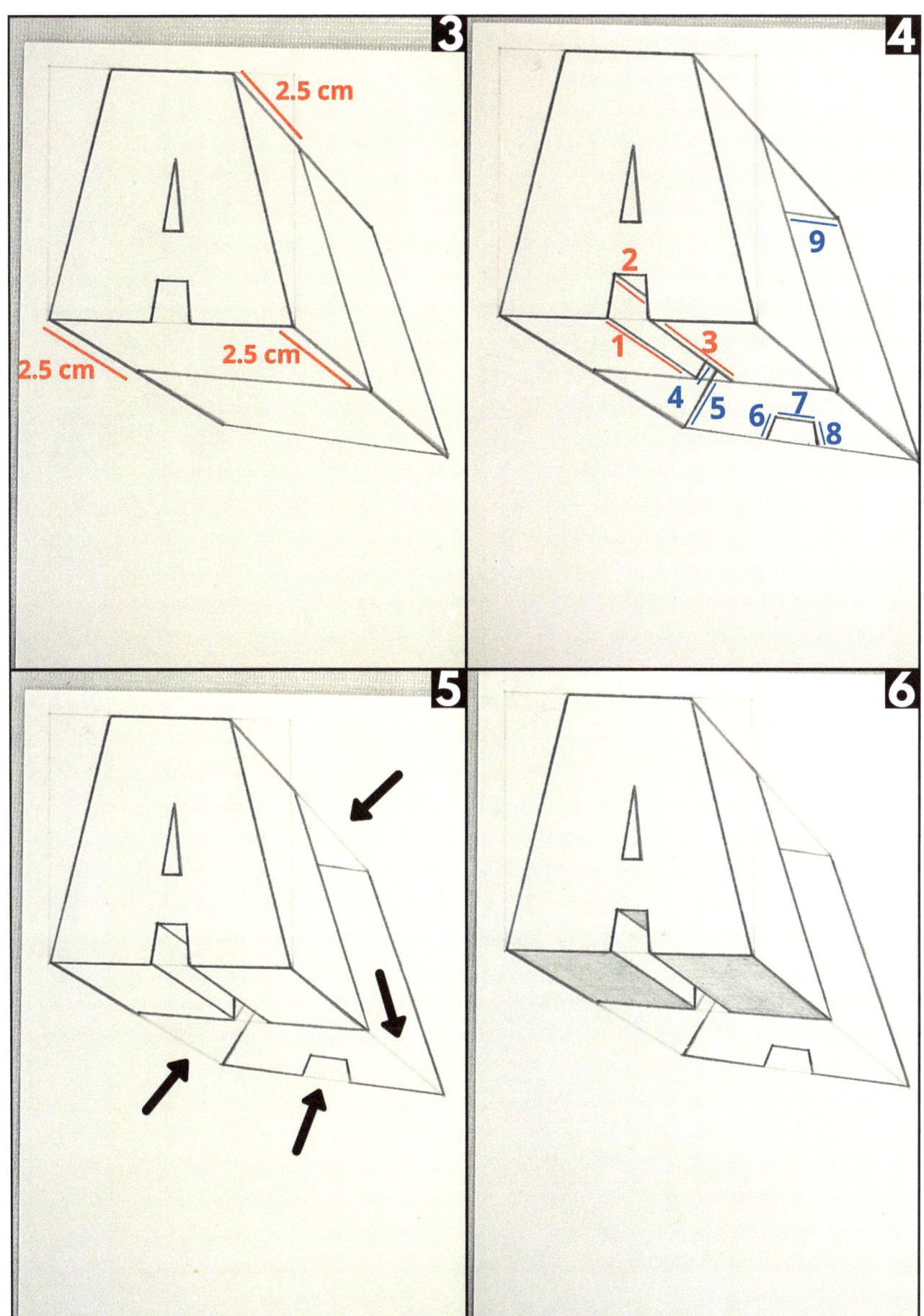

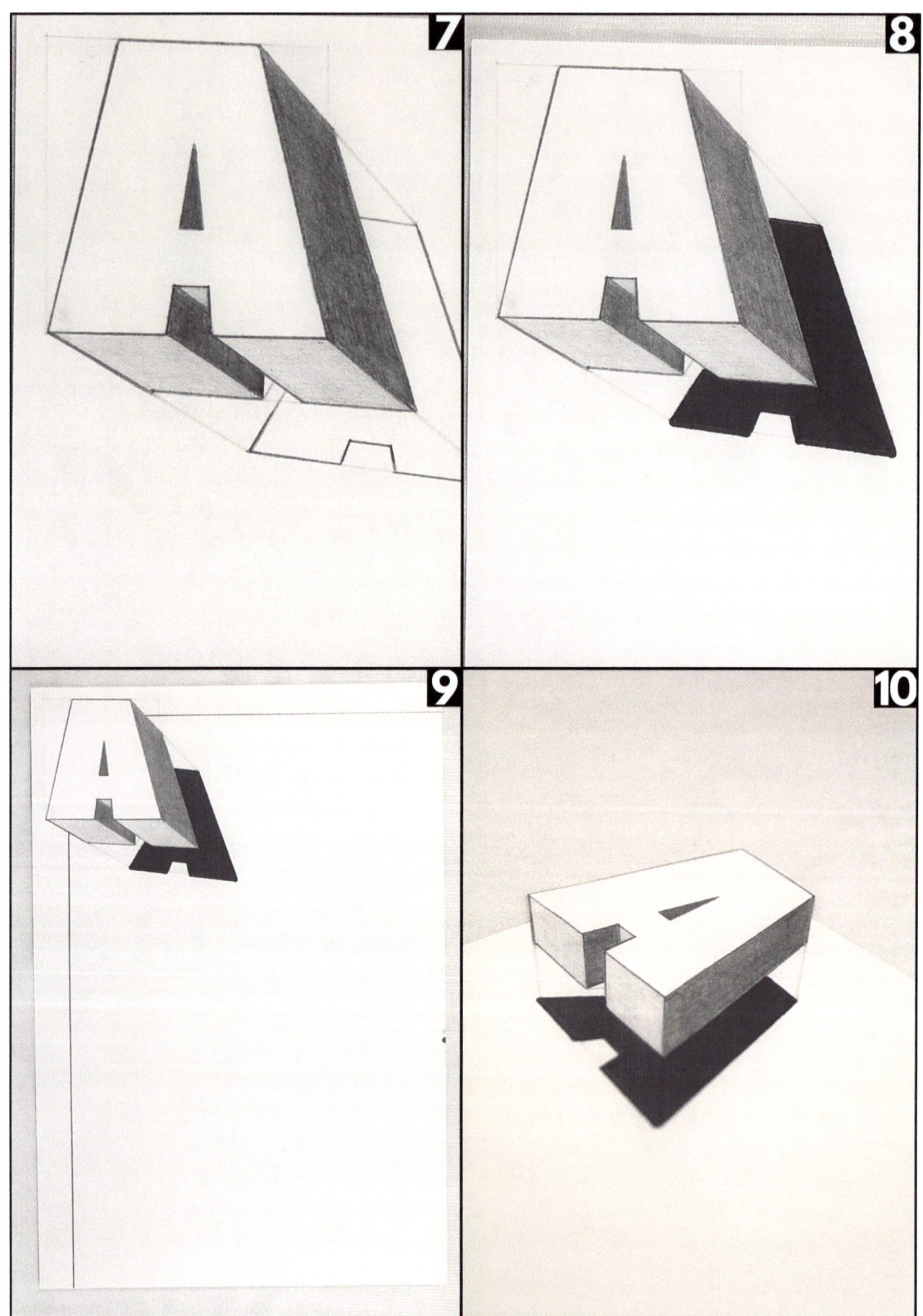

Der Buchstabe M

Dies ist eine schwierige Zeichnung für Anfänger, also versuchen wir, die Aufgabe zu vereinfachen. Der Buchstabe M besteht aus 2 Buchstaben: I und V, also lernen wir zuerst, wie man sie zeichnet.

1. Legen Sie das A4-Blatt horizontal aus und zeichnen Sie auf der linken Seite oben und unten die Formen. Die untere Figur sollte leicht nach links stehen.
2. Jetzt kommt der knifflige Teil: Verbinden Sie die Ecken der Formen mit einem Bogen. Versuchen Sie nicht, den Bogen in einer Linie auf einmal zu erstellen; versuchen Sie, kurze Linien zu zeichnen.
3. Zeichnen Sie einen Schlagschatten und die Schlagschatten auf den Buchstaben selbst. An den Rändern des Buchstabens sind die Schatten etwas dunkler als auf dem Buchstaben selbst. Der obere Rand und die Stelle der Biegung bleiben hell.
4. Der Buchstabe ist fertig. Bevor Sie mit dem nächsten Schritt beginnen, empfehle ich, noch ein paar I-Buchstaben zu zeichnen, aber mit verschiedenen Biegungen, damit Sie verstehen, wie die fertige Zeichnung mit verschiedenen Biegeoptionen aussehen wird, und damit Sie das Biegen üben können.
5. Kommen wir nun zum Buchstaben V und fügen dann das I hinzu. Nehmen Sie dazu ein neues Blatt, legen Sie es horizontal und zeichnen Sie 3 Formen, 2 oben, 1 unten dazwischen.
6. Zeichnen Sie 4 Bögen, um den Buchstaben V zu bilden.
7. Zeichnen Sie 2 weitere Bögen, die dem Buchstaben V das nötige Volumen geben.
8. Zeichnen wir nun zwei mal den Buchstaben I. Fügen Sie unten die Formen hinzu.
9. Wiederholen Sie Schritt 2. Verbinden Sie die obere und untere Form mit Bögen.
10. Radieren Sie unnötige Linien weg.
11. Zeichnen Sie einen fallenden Schatten. Sie können ihn mit einem Bleistift oder Filzstift zeichnen.
12. Zeichnen Sie Schatten auf den Buchstaben.
13. Schneiden Sie die Zeichnung aus.

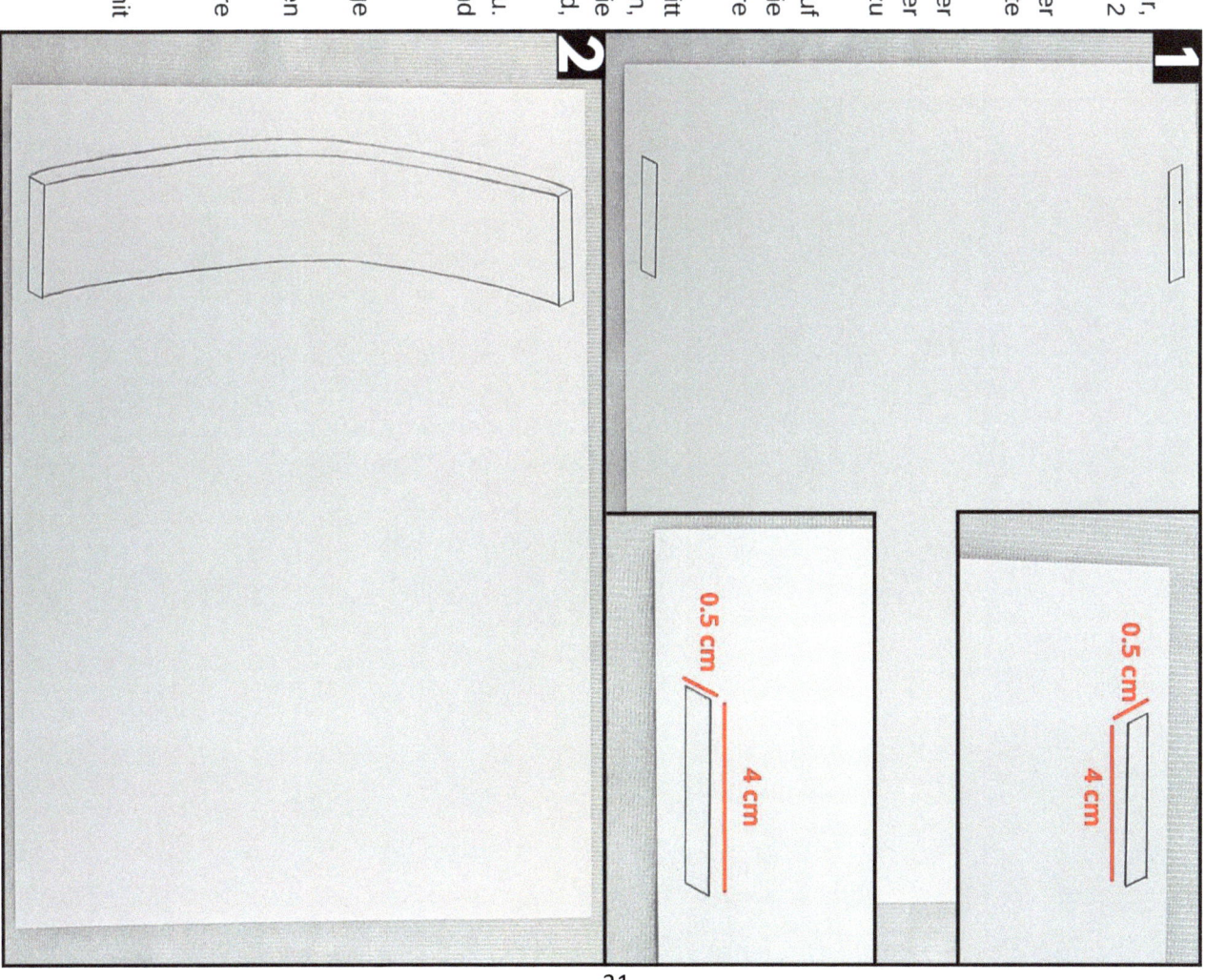

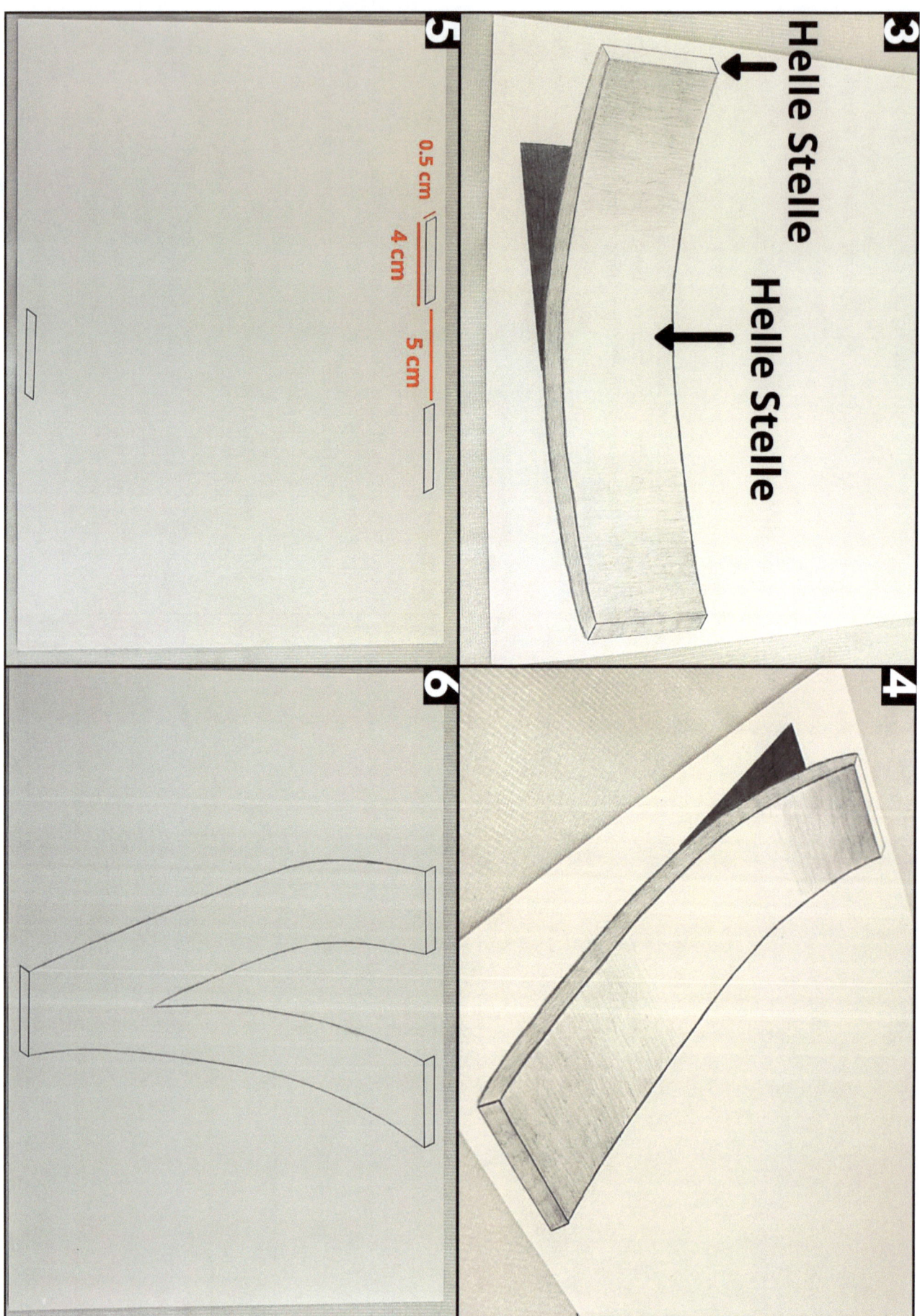

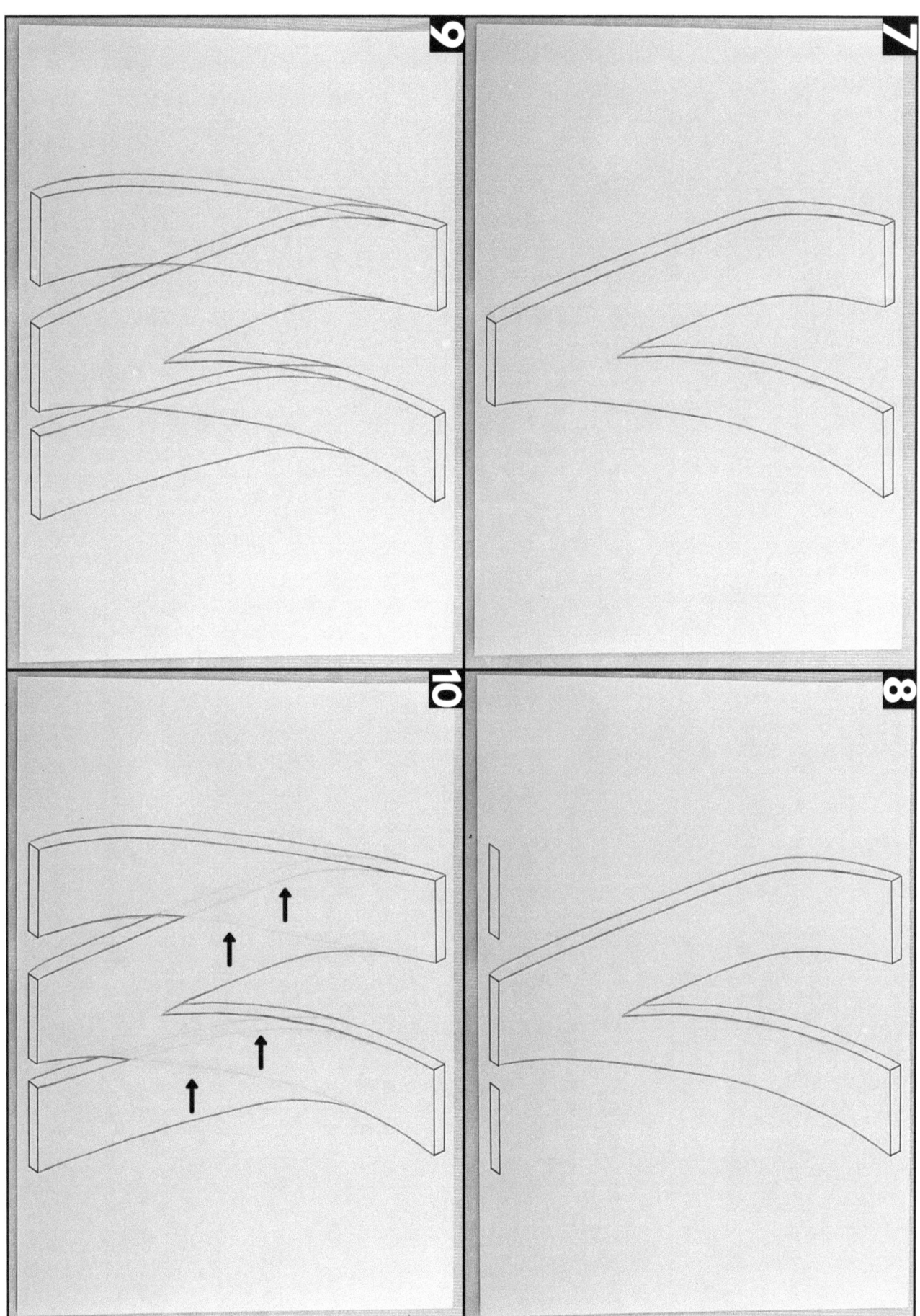

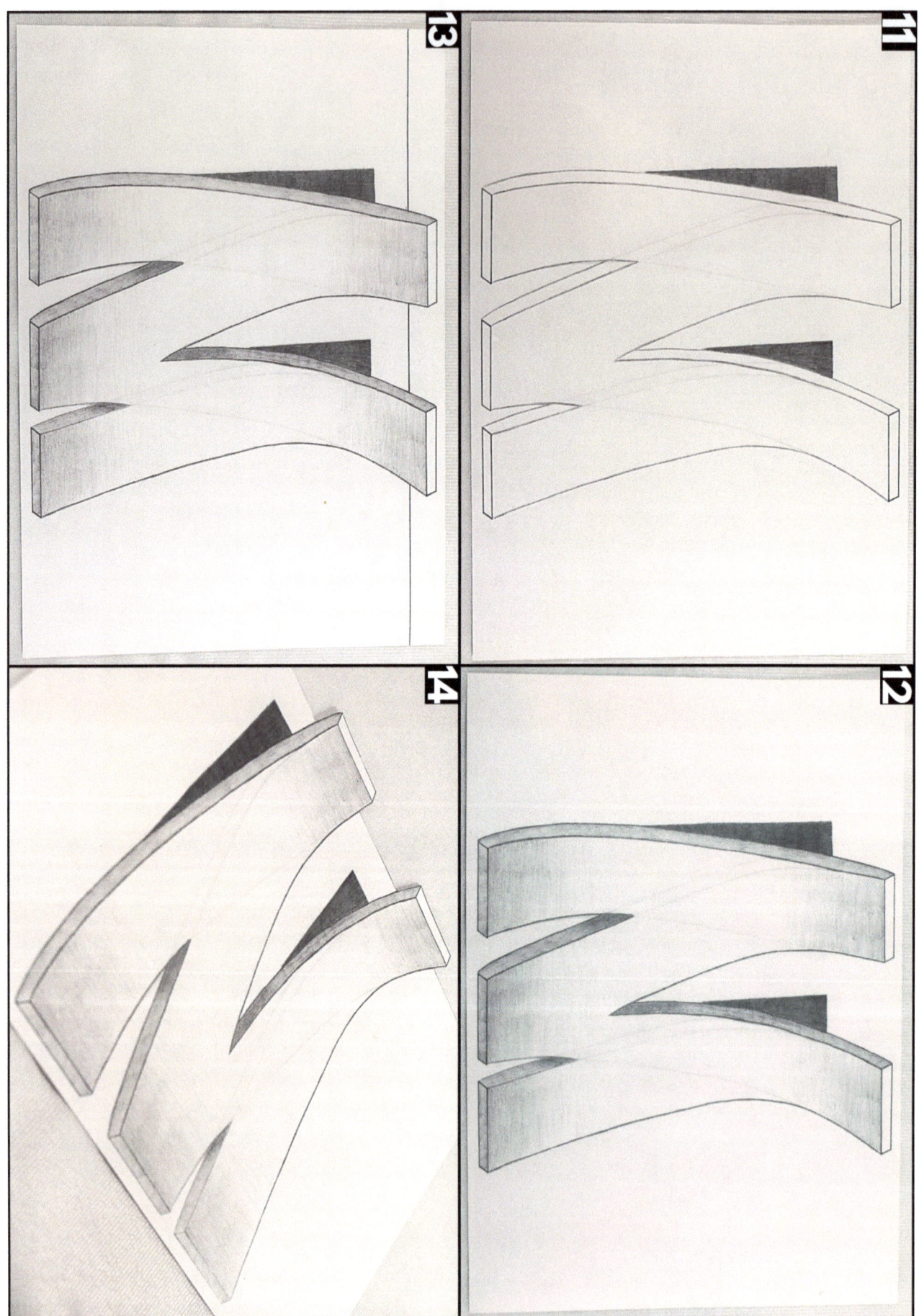

Treppen nach oben

Um große und komplexe Aufgaben zu erleichtern, können sie in mehrere kleine und einfache Aufgaben unterteilt werden. Bei diesem Tipp geht es nicht nur ums Zeichnen. Um eine komplexe Zeichnung zu erstellen, werden wir sie aus mehreren einfachen Formen erstellen.

1. Platzieren Sie das Blatt vertikal. Zeichnen Sie ein Rechteck in der unteren rechten Ecke.
2. Die linke obere Ecke wird der Fluchtpunkt sein. Fügen Sie dem Rechteck etwas Volumen hinzu.
3. Zeichnen Sie ein weiteres Rechteck zu dieser Form.
4. Fügen Sie Volumen hinzu.
5. Zeichnen Sie ein weiteres Rechteck.
6. Fügen Sie Volumen hinzu.
7. Zeichnen Sie ein weiteres Rechteck.
8. Und fügen Sie noch einmal Volumen hinzu.
9. Zeichnen Sie zwei 0,5 cm lange Linien.
10. Zeichnen Sie mehrere Linien.
11. Radieren Sie das übrige weg.
12. Fügen Sie Ihre Schattierungen hinzu.
13. Zeichnen Sie den Umriss des Schlagschattens.
14. Übermalen Sie den fallenden Schatten.
15. Erledigt! Sie können in den Ecken Schatten hinzufügen. Dadurch wirkt die Zeichnung realistischer.

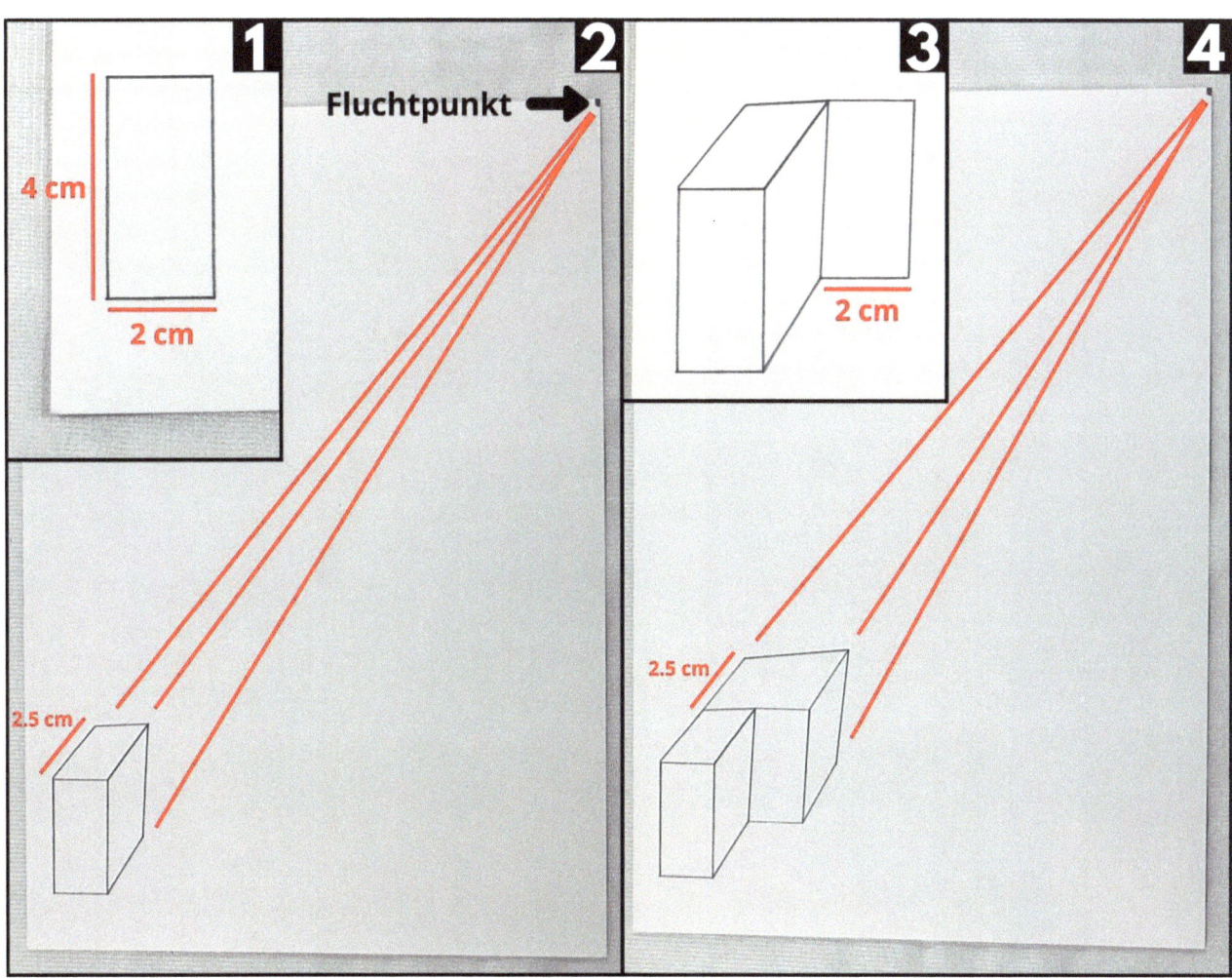

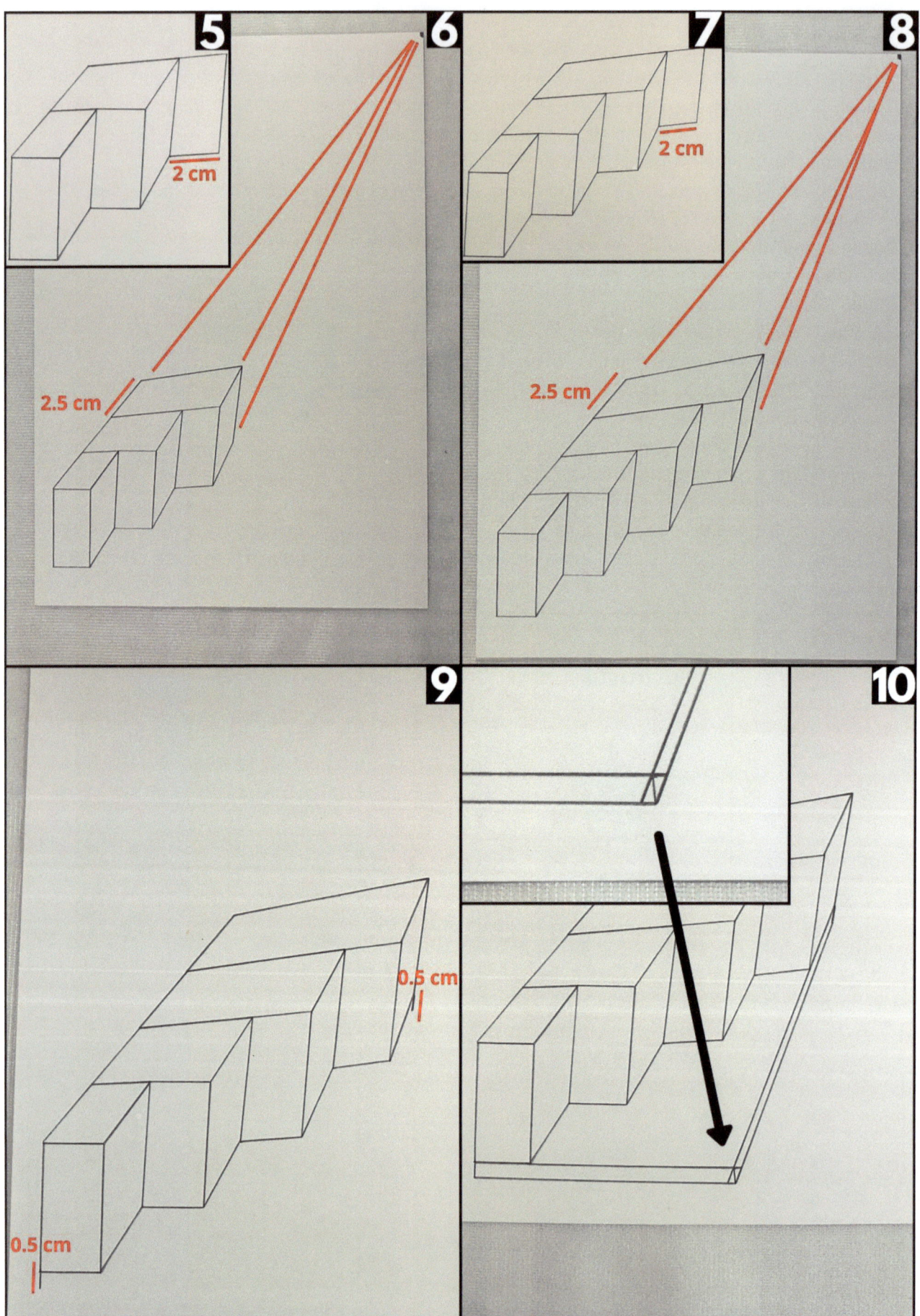

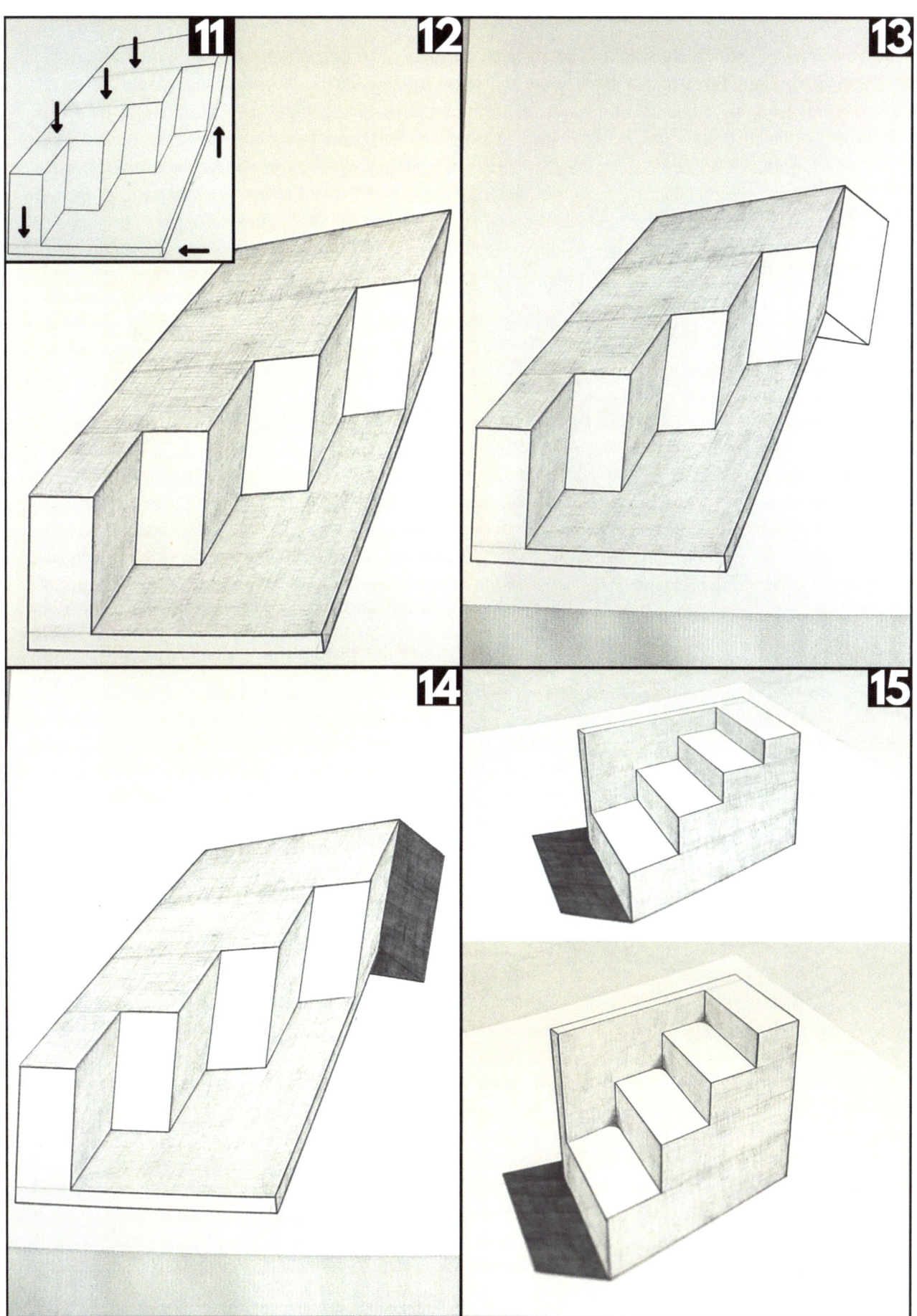

Fallendes Herz

Dies ist die schwierigste Zeichnung, und daher auch die letzte. Die Schwierigkeit besteht darin, dass Sie die Linien unter dem Herzen und die Linien, die dem Herzen Volumen verleihen, korrekt zeichnen müssen. Und auch die Schatten auf einer so kleinen Lücke richtig erzeugen. Leider gibt es keine Möglichkeit, es beim ersten Mal direkt richtig zu machen. Ich kann Ihnen nur das Grundprinzip der Erstellung eines Bildes erklären. Ein gutes Ergebnis wird mit nur wenigen Versuchen erreicht, aber ich gebe Ihnen Tipps, um das Ganze zu erleichtern. Die Zeichnung, die ich für Sie fotografiere, ist der sechste Versuch meines Schülers. Ich finde, es ist sehr gut gelungen. Also, fangen wir an.

1. Die Zeichnung ist auf einem A4-Blatt gemacht, aber für die ersten Übungen empfehle ich, das Blatt zu halbieren und die Zeichnung kleiner zu machen. Zeichnen Sie ein Herz in die Mitte des Blattes. Es sollte breit sein und kann leicht gekippt sein.

2. Zeichnen Sie etwa alle 1,5 cm Linien entlang des Blattes. Stellen Sie sich einen unsichtbaren Umriss um das Herz herum vor (etwa 1,5-2 cm vom Herzen entfernt). Bringen Sie die Linien zu diesem unsichtbaren Umriss.

3. Jetzt müssen Sie Linien unter dem Herzen ziehen und Linien zeichnen, die Volumen geben. Dazu befestigen Sie das Blatt so, dass es sich nicht bewegt. Aktivieren Sie den Fotomodus auf Ihrem Mobiltelefon. Wählen Sie den besten Winkel. Beginnen Sie, gekrümmte Linien zu ziehen, während Sie die Zeichnung durch die Kamera Ihres Mobiltelefons betrachten. Fachleute verwenden diese Methode nicht, aber jetzt ist es wichtig, dass wir verstehen, wie man die Linien biegt, um eine Illusion zu erhalten.

4. Jetzt müssen Sie zu den Schatten an den Wänden der Kurve gehen. Ganz unten ist der Schatten dunkler, aber je höher das Bild ist, desto heller wird er. Machen Sie dunkle, kurze Striche am Grund. Bringen Sie dann eine zweite Schicht von Strichen an, aber diesmal lange und helle Striche. Vergessen Sie die Schattierung entsprechend der Form des Objekts nicht. Die Striche sollten vom Grund bis zu den Rändern gehen.

5. Der Schatten auf dem Herzen wird auf die gleiche Weise erstellt.

6. Geschafft! Sie können den Ton des Schattens an den Wänden und auf dem Herz so einstellen, dass er gleichmäßig ist und die Illusion gut zeigt.

Ich hoffe, Sie haben alles gut geschafft. Wenn nicht, lassen Sie sich nicht entmutigen und versuchen Sie es noch einmal. Tatsächlich können es nicht viele Fachleute beim ersten Mal schaffen.

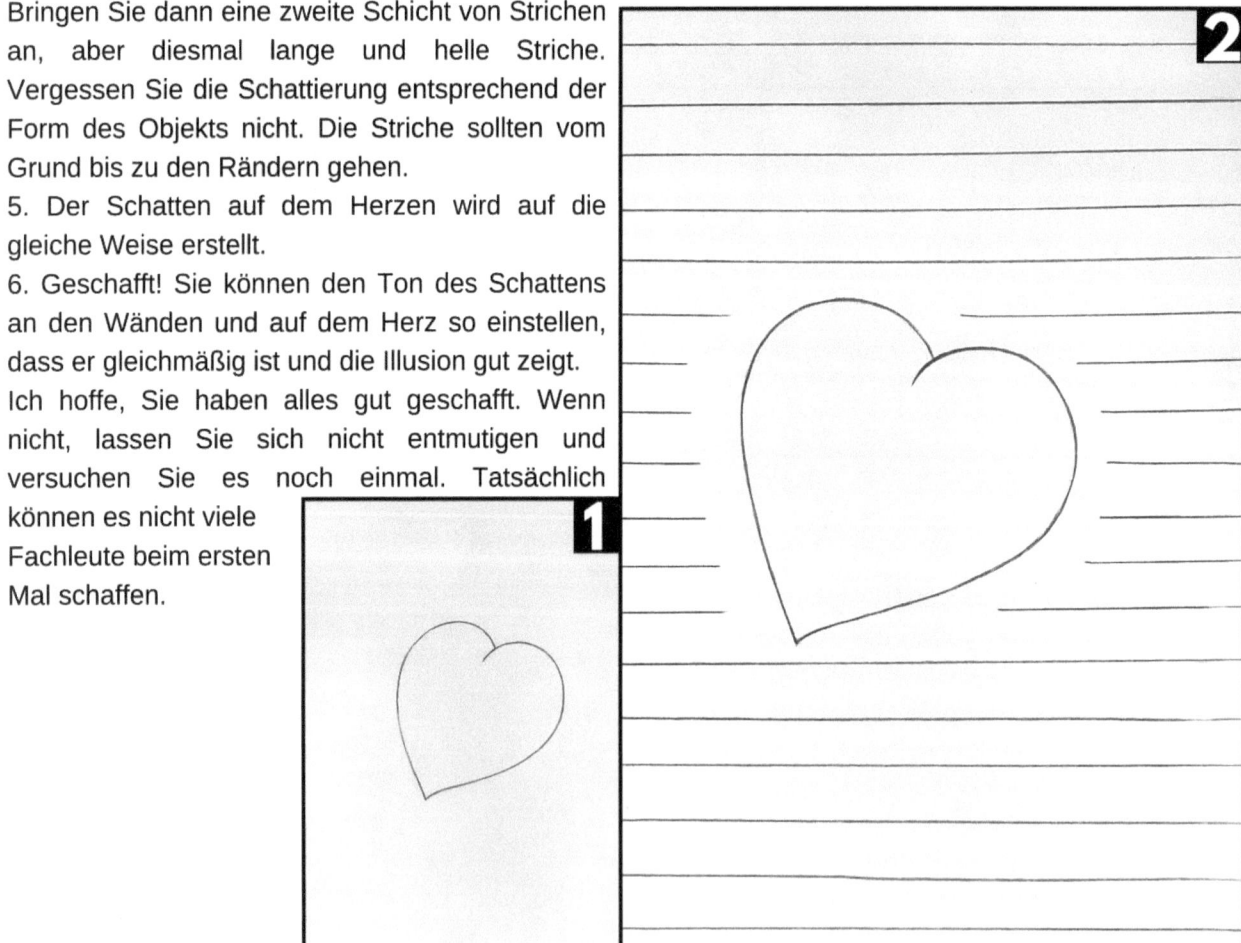

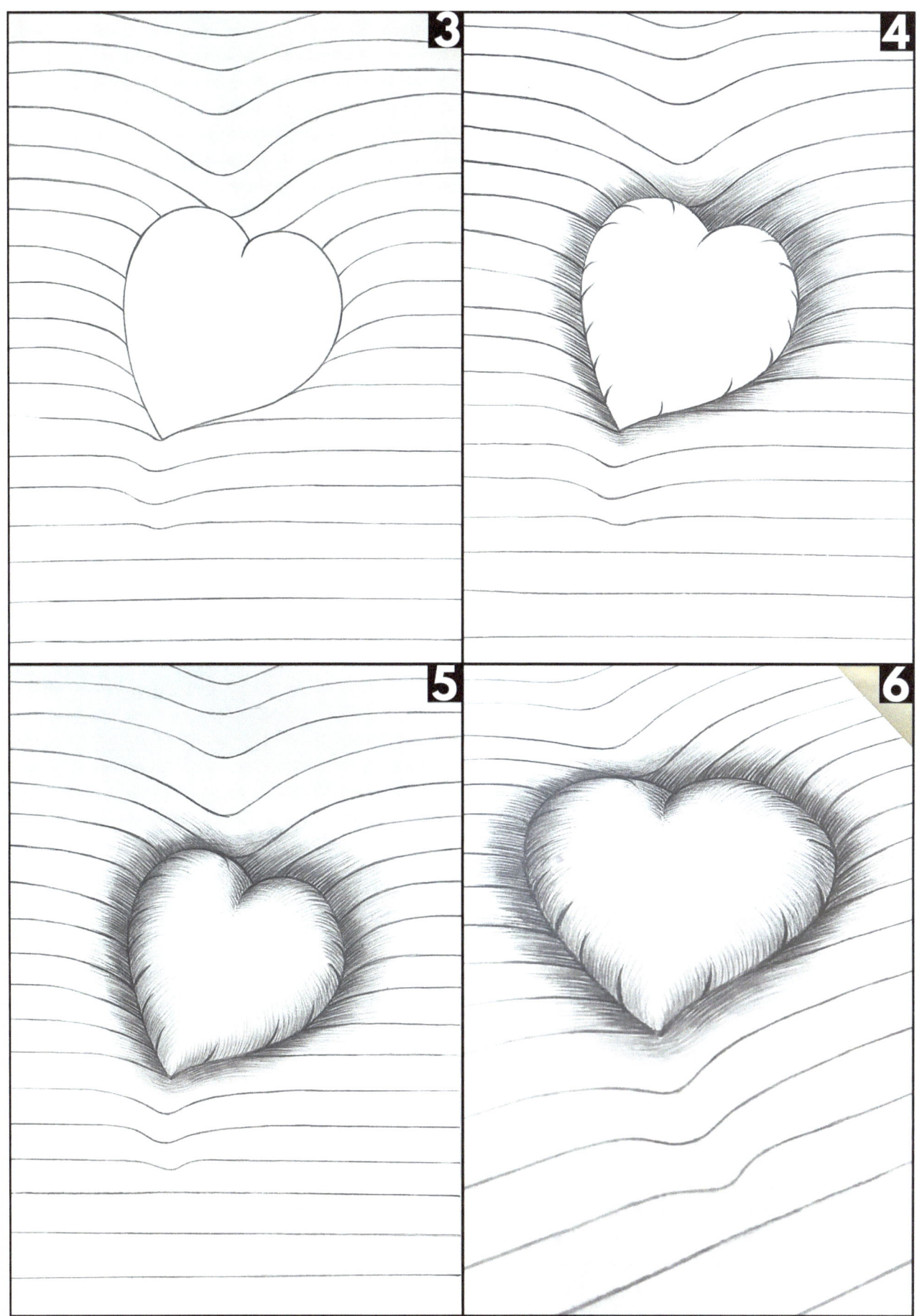